Ulrich Schaffer

Gott in der Weite meiner Fantasie

Ulrich Schaffer

GOTT
in der Weite
meiner Fantasie

Edition Schaffer im Kreuz Verlag

Gott wird niemals etwas Äußerliches, niemals also auch
ein Teil des historischen Wissens werden, und alles Reden
von Gott kann nie etwas anderes sein als symbolisches
Sprechen.

Eugen Drewermann

Die Deutsche Bibliothek – CIP-Einheitsaufnahme

Schaffer, Ulrich:
Gott in der Weite meiner Fantasie / Ulrich Schaffer. – 1. Aufl.,
(1.–10. Tsd.). – Stuttgart: Ed. Schaffer im Kreuz-Verl., 1991
ISBN 3-7831-1121-8

1. Auflage (1.–10. Tausend) 1991
© by Dieter Breitsohl AG
Literarische Agentur Zürich 1991
Alle deutschsprachigen Rechte
beim Kreuz Verlag Stuttgart
Umschlaggestaltung: Jürgen Reichert
Autorenfoto: Margie Carter
Satz: Steffen Hahn, Kornwestheim
aus der Comenius Antiqua 8.5 Punkt
Druck und Bindung: Röck, Weinsberg
ISBN 3 7831 1121 8

G

GOTT,

GOTT, wer bist du?

Gott, wer bist du?

Gott, wer bist du?
Bist du eine Person
mit Eigenschaften wie wir,
uns aber immer ein Stück voraus,
immer das, was wir sein wollen,
bist du das unbegreifliche Wesen,
das wir mit unseren Träumen umgeben?

Bist du der Schöpfer, der Uhrmacher,
der alles aufgezogen hat
und jetzt beobachtet, wie es abläuft?
Hast du beim Urknall
das Prinzip der Entwicklung in Gang gesetzt
und dich danach zurückgezogen?

Bist du der Gott von Johannes, von Paulus,
bist du der Gott der Wüstenväter?
Verhältst du dich, wie Augustinus meinte
oder wie Thomas von Aquin hoffte?
Hörst du, was Franziskus, Luther, Zwingli,
Böhme, Meister Eckart, Hildegard von Bingen
über „dich" sagten und glaubten?

Bist du die Weltvernunft, die absolute Idee,
der Weltgeist, der alles durchsetzt
und mit „Geistschwingungen" Leben erzeugt?

Bist du gar kein einzelnes Wesen,
sondern das Leben selbst,
der Inbegriff alles Lebendigen,
dem wir einen Namen geben,
weil wir nicht ruhen können,
bis wir alles benannt haben?

Bist du der Gott von Lessing und Schleiermacher,
von Tillich, Buber, Barth oder Bultmann?
Erkennst du dich wieder im Leben Gandhis?
Sollen wir auf Dorothee Sölle,
Ernesto Cardenal und die lateinamerikanischen
Befreiungstheologen hören?

Bist du die Dinge und sind die Dinge du?
Bist du alles, oder bist du nur in allem?

Bist du der Richter mit Zornesschalen,
der Rächer mit gezogenem Schwert,
der unnahbar Heilige, der Opfer Fordernde,
der unfehlbar Gerechte?

Hast du dich wohlgefühlt unter den Ketzern,
die herausfielen aus der Ordnung ihrer Kirchen?
Warst du eng befreundet mit Simon Magus,
mit Origenes, Marcion, Abälard, mit den Hexen,
die in deinem Namen verbrannt wurden?
Warst du bei Hus, Müntzer, Bruno,
Spinoza, Tolstoi und Schweitzer?

Bist du der sich Ereignende zwischen uns,
die Aura, das Wesen, das Fluidum,
das aus uns kommt und uns doch verwandelt
und zu Lebensträgern macht?

Ober bist du nur die dürftige Hilfskonstruktion
bedürftiger, suchender Menschen,
die nicht ohne ein großes Wesen über ihnen
leben können, weil es zu schwer ist,
den Sinn nur im Leben selbst zu finden,
wenn es mit dem unabwendbaren Tod endet?

Siehst du so aus, wie Wesley dich
leidenschaftlich mit Worten malte,
oder wie Spurgeon dich predigte?
Erkennst du dich wieder in dem Bild Billy Grahams?
Bist du so, wie du in den Aussagen von
Papst Johannes Paul II. erscheinst?
Fühlst du dich wohl in den Worten,
die Drewermann, Hanna Wolf, Ben Chorin
oder Mutter Teresa über dich formulieren?

Oder hat all das nur mit uns zu tun,
mit der Begrenztheit unserer Sicht,
mit den Bildern und Gleichnissen,
die wir denken und fühlen können,
nicht aber mit dir,
dem Unaussprechlichen, dem Undenkbaren?

Oder gibt es dich vielleicht doch,
weil wir dich hergezaubert haben,
mit unserer Sehnsucht,
mit der Leidenschaft unserer Suche,
auch wenn wir begrenzt sind?

Und ist es am Ende Ausdruck
eines noch unlüftbaren Geheimnisses,
daß du das bist, was wir brauchen,
daß du in unser Leben eintrittst,
wie wir dich denken können,
eine jede auf ihre Weise,
ein jeder auf seine Art?

Wer bist du?

Türen

Schon tausendmal
bin ich alle Worte geflohen,
wenn es um dich ging.
Ich wollte dich nicht
mit Buchstaben verwechseln
und nicht in unzulängliche Worte einsperren.
Und doch schreibe ich jetzt über dich,
weil ich hoffe, daß die Worte Türen sind,
durch die ich in die Weite gelange,
nach der ich mich sehne.

Ich trete in die offene Welt
und lasse dich als Kiesel
über den Bach hüpfen.
Ich verankere mich in einem Gespräch
mit einer Freundin, mit einem Freund,
und finde dich in den schweigenden Fischsilben
zwischen den Worten.

Und wenn ich nicht mehr kann,
entdecke ich,
daß du in dem Nicht-mehr-Weiter bist
und mit mir gegen die Mauer rennst.
Zwischen meinen Händen
zerreibe ich Petersilie
und rieche dich so nah.
Alles ist eine Tür.

Die Zähne Gottes

Gott, du hast deine Zähne
in mich geschlagen,
als wäre ich ein zartes Lamm,
und manchmal schüttelst du mich
wie ein Löwe seine Beute.

So lebst du in mir
und läßt mich nicht los,
wie ich dich nicht loslasse.
Selbst wenn ich nicht von dir rede,
spüre ich deine Zähne in meinem Fleisch.

Es ist mir nicht unrecht,
daß es so ist,
denn ich weiß, daß wir zusammen
die Welt retten werden,
mit der Untrennbarkeit unserer Schicksale,
gegen die wir uns nicht auflehnen,
du in deiner Wahrheit
und ich in meiner.

Unterwegs mit dir

Erst suche ich dich,
wie verrückt, in meinen Wirrnissen,
in meinem Unglück,
noch unter dem Unbewußten,
im Granit meiner Vorstellungen,
und weiß doch nicht, was ich suche.

Dann nenne ich das, was ich finde: Du.
Da bist du,
ich trage dich an meinem Ärmel,
auf der Zunge, auf meiner Flagge,
auf dem Button meines Mantels,
in weiches Saffianleder gebunden,
verfügbar, zitierbar, beschreibbar.

Dann lasse ich dich wieder los.
In einer dunklen Nacht
schicke ich dich weg.
Du bist zu klein geworden
für die Größe meiner Schmerzen,
zu armselig für meine Vorstellungen
von Unendlichkeit,
zu provinziell, zu eng für meine Sehnsucht.

Du entgleitest mir.
Meine Schmerzen sind ein langes Zittern.
Aber irgendwann beginne ich wieder zu suchen.
Da vorne könntest du sein,
vollständiger, erfahrbarer, menschlicher,
tiefer im Schmerz steckend,
ohne die Kennzeichen, die die Frommen
dir als Verzierungen angeklebt haben,
die dich verunzieren.

Ich will dir alles zumuten

Wir gehen schonend mit dir um,
als hättest du es nötig,
weil du dich selbst nicht versorgen kannst.
Wie klein wirst du dabei in uns.
Wir begrenzen unseren Glauben,
weil du ärgerlich werden könntest.

Ich will dir alles zumuten.
Ich will verrückt sein
und dann wieder geradlinig,
Mensch und Vormensch.
Du sollst meine Göttlichkeit sehen
und sie vergleichen können mit deiner.
Du sollst meine Menschlichkeit spüren
und Sehnsucht nach ihr bekommen.
Ich will mich dir anbieten
wie ein Geliebter und eine Geliebte,
und dann wiederum
will ich mich dir entziehen
und herrlich unabhängig von dir sein.

Ich will dich nicht mit einkalkulieren
in meine Pläne, will allein tun,
was alleine zu tun ist;
und doch darfst du sehen,
daß ich dich unter dem Blut trage,
als Glück und Schreck,
als Auszeichnung und Erinnerung.
Meine Blutkörper bestehen aus dir,
du bist die Schleuse
zwischen meinen Herzkammern,
mein Blutdruck ist Ausdruck
meiner Sehnsucht nach dir.
Meine Sehnsucht füllt auf,
was mir an Vollkommenheit fehlt.

Die 360 Grade des Horizonts

Ich suche dich
in den weitabgelegenen Orten meines Geistes.
Heute fliehe ich die Alltäglichkeit
und widme mich dem Fernen,
das fast unerreichbar ist.
Heute will ich dich andersartig,
weil ich das Bedürfnis habe,
das Bekannte zu überwinden
und vom Mysterium überschwemmt zu werden.

Ich plaziere dich nicht am Zenit,
sondern an den 360 Graden des Horizonts.
Du verschwindest aus meinem Gesichtskreis,
du bist der Vorbote des schwarzen Alls,
du bist der Erzeuger des Fernwehs,
das immer nur irgendeine Form
des Himmels als Heimat sucht.

Wie ich dich auch nenne,
es bedeutet nichts,
weil dieser Weg in die Ferne
in mir angelegt ist
wie ein überwältigendes Programm.
Ich werde mich immer sehnen
und nie zufrieden sein.
Das ist mein Heimweh.
Das ist mein Fernweh.

Durch unsere Leidenschaft

Durch unsere Leidenschaft
sind wir mit Gott verbunden –
unsere Leidenschaft, zu leben
und zu entwickeln, zu werden,
die zu sein, die wir sind.
Wir aber verlieren uns in unseren Köpfen
in der Abgeklärtheit unserer Theorien
und finden nicht zurück
zu der beseelten Welt,
zu dem Zentrum in uns,
in dem wir echt sind.

Deine Gegenwart

Ich meditiere nicht deinen Namen,
weil ich schon lange weiß,
daß es nicht in dem Namen liegt
und nicht in den Worten,
sondern in der Gegenwart
und dem Wahrnehmen deiner Gegenwart.

Ich meditiere,
um durchlässig zu werden für den Geist,
für das Feuer und für die Ahnungen.
Ich konzentriere mich, um sehen zu lernen.
Aus den Dingen leuchtest du,
du sprichst aus ihnen
und hast sie mit deinem Geruch begabt.
Jede Oberfläche hast du betastet,
und an ihr klebt noch die Textur deiner Haut.
Ich brauche die sinnlichen Sinne,
um in der Materie von deiner Heiligkeit
überwältigt zu werden
und nicht mehr den Abstand der Kälte
wahren zu können.
Ich brauche die Beseelung und Begeisterung,
um zum kostbaren Leben zu erwachen.

Du bist gegenwärtig
in den ängstlichen Minuten,
an denen der Sterbende hängt,
im Weinen des Kindes,
dem die Welt mit dem Spielzeug zerbricht.
Da bist du in der ersten Knospe
der Zierkirsche vor dem Haus,
und in der Sprachlosigkeit des Liebespaares.

Du bist in der Altardecke
mit den zwei Fischen und fünf Broten.
Da bist du in der Spruchblase
der weisen Comic-Figur,
in den unsicheren Tieraugen
und im Skalpell des Chirurgen
bei der Herzoperation.

Ich verfolge dich
durch die Verirrungen des Menschen,
durch die geologischen Schichten
unserer mühsamen Entwicklung
und durch die Stufen der Erschöpfung
beim Altern und Sterben.

Ich spüre, wie du mich verfolgst
durch die Dunkelheit,
die sich immer nur eine Handbreit hebt,
durch die Worte,
die ich von den Taten trenne,
um mich nicht zu betrügen,
durch die Ordnungen,
die hinter den Ordnungen leuchten,
durch die Waage, auf der ich genug wiege,
auch wenn ich denke „Gewogen, gewogen
und zu leicht befunden",
und durch das Herz des Alltags
mit seinem lautlosen Staub.

Gerade in der Tiefe

Ich kenne Momente,
da gibt es nur Erbarmungslosigkeit,
da stehen wir verlassen auf der Straße,
umgeben von Finsternis.
Da sind wir nur noch ein Schrei,
der nicht erhört wird.
Das Feuer in uns ist aus.

Und gerade da erlebe ich mich
dir als Gegenüber.
In dem Verlust all dessen,
was ich geliebt habe,
in der Leere, wo mir nichts mehr angst macht,
da bin ich freier als in den alten Gebeten,
mit denen ich dich
von meiner Liebe überzeugen wollte.

Sieh mich an,
ich bin ein Mensch,
nur noch bekleidet
mit dem unerbittlichen Tod,
der mir bevorsteht.
Mir ist nichts mehr zu nehmen,
darin liegt meine Stärke.
Meine Nacktheit ist meine Herrlichkeit.
Siehst du das Leuchten meiner Würde?

Und wie in einem Traum,
den ich nur träume,
wenn ich stark genug bin, schwach zu sein,
begreife ich, ich begreife
und kann nicht sagen was.

Ein eigener Gott

Kein Bekenntnis wird Gott je haben.
Jede Religion wird am Ende
immer im Wege stehen,
wenn der einzelne
in seiner Herrlichkeit und Not
vor Gott steht
und nichts anderes sucht
als seinen eigenen Gott.
Da kann niemand helfen,
und niemand darf helfen,
wenn das Wunder des einzelnen,
der ein einzelner und eine einzelne
bleiben muß,
erhalten bleiben soll.

Niemand weiß für den anderen,
wie dieser im Herzen seines Herzens
leben kann und muß.
Nur die Fäden,
die zwischen dem einzelnen
und Gott geknüpft sind
von Anbeginn der Zeit,
nur diese Fäden tragen in sich
das Geheimnis des Lebens
für dich und mich.
Nur um diese Fäden geht es,
nur sie gilt es zu verstehen
mit dem ganzen Wesen.

Haltlos

Draußen rast ein Sturm
in der zunehmenden Dunkelheit,
und meine Unsicherheit
sucht sich einen Halt.
Er könnte Gott heißen.

Heute aber fühle ich eine Liebe
zur Verlassenheit, als suchte ich mehr
als das Geläufige und könnte es nur
in der inwendigen Verwüstung finden.
Nur da, wo das Ende alles überragt.

Aus Liebe zu mir selbst
und vielleicht auch aus Liebe zu Gott,
dem so erschreckend anderen,
erlaube ich der Dunkelheit
die Übernahme meines kleinen hellen Gottes
und verharre in meiner Unsicherheit.

Diesmal halte ich es aus,
es geht ohne Halt
und ich werde heute dabei
mehr Mensch, als wenn ich beten würde.
Nichts ist abzuschließen,
wenn der Sturm tobt.

Die erste und letzte Sehnsucht

Schon ist mehr als die Hälfte
meines Lebens vorbei.
Ich habe einen flüchtigen Schatten geworfen,
dann bin ich irgendwann plötzlich weg.
Ein paar Buchstaben fallen hinter mir her,
dünne Blätter mit Schriftzeichen,
die einmal meine Überzeugung waren,
brüchige Alphabete, Chiffren für Welten.
Bilder, die in ihrer Herrlichkeit
auch ohne mich
Menschen erfreut haben –
Gebirgsbäche, Bäume – immer wieder Bäume,
Landschaften, quer durch die Herzen gesichtet,
die Formen des Glücks, die ich fand,
dunkel getrocknete Tintenränder der Verzweiflung,
und mit der Bereitschaft, den Sinn zu suchen
in der Stille nach den Worten.

Stille, durchtränkt von Gott,
der unsere erste und letzte Sehnsucht ist,
nicht fern von uns,
sondern in der Mitte des eigenen Herzens,
die wir nach unsäglichen Schmerzen
am Ende erreichen.

Gottes Geburt in uns

Jedes Herz soll hinausschreien,
woran es bricht,
und sich an Gott richten.

Jede Hand soll schützen,
was sie wirklich liebt
wie das eigene Leben.

Jedes Augenpaar soll merken
und merken dürfen
und nicht vergessen, was es gesehen hat.

Jeder Mund soll flüstern,
was ihm aufgetragen ist,
aus der Tiefe des Wesens.

Jede Seele soll in sich gehen
und sich zu dem stellen,
was unverbrüchlich mit ihr
verbunden ist durch den Lebensfaden.

Jeder Geist
soll sich die Freiheit nehmen,
ohne Grenzen zu denken
und ohne die Angst
vor einem menschenfeindlichen Gott.

Jeder soll für jeden einstehen
und die Gerechtigkeit leben,
die keine Grenzen kennt,
die Rasse, Religion, Stand,
Geschlecht und Alter überwindet
und den Wert des einzelnen hochhält.

Jede Generation soll sich darauf besinnen,
daß sie der Anfang ist,
weil sich nichts in der Welt wiederholt.

Vielleicht entsteht so in uns
aus der Echtheit unserer Suche,
aus unserer Liebe zum Leben,
aus unserem Hunger nach Gerechtigkeit
und unserer Selbstachtung
Gott,
dem zu glauben und den zu lieben
sich lohnen würde.

Ich will dich nicht mehr verstehen

Ich danke dir,
daß du verstehst,
daß ich dich nicht mehr so verstehen will
wie die vielen, die dich mißbraucht haben
für ihre Kleinlichkeit und Ideologie.
In deren Händen du verstümmelt worden bist
bis zur Unkenntlichkeit.
Und aus deren Worten du hervorgegangen bist
als der kleinliche, verschrobene Mensch,
den Menschen Gott nennen.

Ich lobe das Nichts an dir,
all das Unfaßbare,
die Leere, mit der du dich umgibst.
Ich will ruhen von den Bildern,
die mich verrückt machen,
weil du in ihnen untergehst
wie ein armseliger Supermensch.

Wir haben uns wundgedacht an dir

Wir haben uns wundgedacht an dir,
totgeredet, krankgefürchtet.
Wir sind verrückt geworden,
weil die schreckliche Gleichung nicht aufging,
in der du Liebe warst
und die Welt doch verkam.

Wir haben deine Schrecklichkeit vergöttert,
veredelt, theologisiert, erhoben
und sind doch nicht freigeworden von ihr.
Wir sind an dir zugrunde gegangen,
und dann hast du uns in deiner Milde
wieder aufgehoben und aufgestellt,
was wir nicht wollten,
weil wir spürten,
daß wir mit unserer Entwürdigung
auch dich entwürdigt haben.

Aber noch waren wir nicht frei,
noch trauten wir uns nicht,
uns auf uns selbst zu besinnen
und uns selbst zu lieben,
vorbei an deiner Schrecklichkeit,
die uns gefangenhielt.
Noch konnten wir nicht
den Sprung auf dich zu machen
und dich erlösen
aus unseren frommen Käfigen.

Ich setze dich

Ich pflanze dich als seltenen Baum
in die Mitte meines Geistes.

Ich locke dich aus dem göttlichen Märchen
in die Wirklichkeit,
in die ich hineingeboren wurde
und die ich sterbend überwinden werde.

Ich erkenne dich
als die Frucht des Glücks
inmitten meiner Katastrophen.

Ich knüpfe dich zu einem dichten Teppich,
auf dem sich die Geschichten meiner Suche,
meines Zweifels und meines Glücks abspielen.
Siehst du den roten Faden, den blutroten?

Ich lasse dich Zeuge
meines Übermuts sein
und werde darin dein Bruder.
Die unzertrennlichen Zwillinge
nennt man uns.

Ich zeige dir das Licht,
das meinen Körper umgibt
wie ein Stück menschlicher Himmel.

In meinem Fleisch und Blut
schaffe ich dir einen Platz,
wo du deinen Hebel ansetzen kannst,
damit du sanft und über Jahrtausende
die Welt aus den Angeln heben kannst.

Ich sammle dich ein
wie die sprechenden Steine
an dem so stillen Ozean
vor meiner Tür.

Ich bekehre dich
zu unserer Menschlichkeit,
die bis an den Himmel reicht.

Und wenn es dich nicht gibt,
dann werde ich dich ins Leben lieben,
so daß du sichtbar wirst
in meiner Liebe zum Leben.
Das erste, was dir dann begegnen wird,
wenn du die Augen aufmachst,
wird die Kraft eines menschlichen Traums sein.

Lästerung

Lästern dich nicht gerade die,
die meinen zu wissen,
wer du seist,
und dann, bewaffnet mit dem Missionsbefehl,
der ganzen Welt sagen,
wie man dich zu sehen habe.

Die alle Andersgläubigen
belächeln, schlechtmachen, verketzern,
unter Druck setzen, ausstoßen, verachten,
und wenn nötig, auch hinrichten,
alles in deinem so engen Namen,
in ihren noch engeren Köpfen.

Ist das nicht die Lästerung,
der wir uns alle aussetzen,
wenn wir in Ausschließlichkeit
etwas über dich aussagen?

Die Wildheit der Suche

In der Dunkelheit nehme ich dich
voller in mir auf
als in der Klarheit,
in der alles vereinzelt erscheint.
Ich verlasse die Vordergründigkeit
des Verstehens.
Ich lasse die Lehren
wie trockenes Blutpulver
aus meinen Adern fließen.
Ich lebe ohne die Mathematik
des immer neu verbesserten Wissens.

Ich öffne mich wieder
der Wildheit meiner Bilder
und der Leidenschaft meiner Suche.
Wenn es dich gibt,
dann ist in dir Platz für alles.
Wie ein ungebrochener Mustang fliege ich
über die vergeßliche Prärie
und finde die Freiheit.
Ich lasse die Löwen in mir
nach der Wahrheit suchen.
Ich überschlage mich in meinen Gedanken
und erkenne heute kein Ende an.
Dein geladenes Schweigen
energetisiert meine Sprache,
und in der Dichte verstehe ich mehr,
als mein Kopf fassen kann.
Ich werde gesund am Übertreten
der toten Gesetze.

In die Tiefe tauchen

Ich springe ab,
um in die Tiefe zu tauchen
und dich dort zu suchen,
wo dich der Intellekt nicht finden kann.
Lange meinte ich, dich zu finden
in der Klarheit des Lichts,
bis ich begriff, daß jede Klarheit
eine Verkürzung ist.
Du bist auch die Dunkelheit,
wo das unerklärt bleibt,
wofür es keine Worte gibt.
Wo der Verstand nichts mehr löst,
weil es um Erlösung geht.
Wo die Dunkelheit die Form der Liebe ist,
die uns befreit vom Wissen-Müssen.

Und irgendwann bist du
weder Licht noch Dunkelheit,
bist weder die eine noch die andere Seite,
weil du jenseits der Paradoxe bist,
jenseits der Ausschließlichkeit,
und auch jenseits unserer Theorien über dich.
Da bist du unendlich menschlich wie wir,
die wir lachen und weinen in einem,
die wir glauben und zweifeln,
lieben und vernachlässigen.
Und wie sollte es auch anders sein,
da wir doch etwas von deinem Bild
in uns tragen,
etwas von deiner Liebe,
deinem Leid, deiner Schöpferkraft.

Meine Lippen an deinem Hals

Meine zehn Finger auf dem Tisch
sind die zehn Finger Gottes
auf dem Tisch.
Meine Lippen an deinem Hals
sind die Lippen Gottes
an deinem Hals.
Meine Augen unterwegs
durch die Landschaft
sind Gottes Augen
unterwegs durch die Landschaft.
Mein Arm unter meinem schlafenden Kopf
ist Gottes Arm unter meinem schlafenden Kopf.
Mein verhallender Schrei
ist Gottes verhallender Schrei.
Meine dir zugewandte Haut
ist Gottes dir zugewandte Haut.
Mein Sterben
ist meines Gottes Sterben.

Ungeteilt

Ich suche heil zu werden,
indem ich mich in das dichte Netzwerk
des Lebens bette.
Ich gehe den Verwandtschaften nach,
der Schwestern- und Bruderschaft,
die zwischen allem besteht.

Da bist du,
in dem Muster,
in dem wir alle zu Hause sind,
auch wenn wir es nicht wissen.
In dem Muster will ich wohnen,
nicht mehr in Feindschaft zu mir
oder der Welt um mich.
Ich will mich nicht mehr schmerzhaft teilen
und zerfleischen
gegen mich
für mich
oder gegen mich
für dich.

Kosmisch bist du

Kosmisch bist du,
und so bin ich es auch.
In mir steckst du
wie das Messer in der Wunde,
du liegst auf mir
wie der Verband auf dem leuchtenden Fleisch.

Ich habe ein Ende,
aber doch bin ich angeschlossen
an deine unendlichen Formen.
Ich münde in dir,
so wie du dich in mir konzentrierst.
Ich werde uferlos,
ich verlasse die Rille,
die mich begrenzt hat,
und erfahre meine Breite und Höhe,
mein Wesen und meine Weisheit.

Und du wirst hier
an dieser einen Stelle,
die ich besetze, verherrliche und erlebe,
du wirst hier sichtbar und faßbar.
Du konzentrierst dich hier
in unserer Hektik und diesem Sterben,
in der Tragik des Loslassens
und in dem Glück des Fliegens.

Ich ahne, daß in jeder Weite
die Konzentration schon enthalten ist
und jede Konzentration die Tür aufstößt
in den grenzenlosen Raum.

Ich gehe immer auf Gott zu

Ich gehe immer auf Gott zu.
Wenn ich zum Essen gehe,
wenn ich mich schlafen lege,
wenn ich nicht an ihn denke.
Gerade dann.

Manchmal will ich nicht auf ihn zugehen,
will mich verweigern.
Das ist dann für diesen Tag
meine Art, auf Gott zuzugehen.
Ich habe es nötig.

Manchmal laufe ich davon,
weil ich nicht weiß,
wer Gott ist und was er will.
Dann steht er plötzlich da,
wenn du mir begegnest.

Ich denke an Umwege.
Oft ist nichts direkter als sie.
Ich bin dankbar,
daß ich mich verlaufen habe
und niemand mich gefunden hat.
Manchmal denke ich,
daß nichts Gott so ehrt,
als ihn zu vergessen,
weil er keine Sonderstellung will
und so selbstverständlich dazugehört,
weil er im Blut lebt.

Unser rechtvoller Platz

Wir trauen uns nicht einzugreifen
in das, was nur Gott zusteht,
und erfinden damit Gott
als den Erfinder menschlicher Grenzen.

Wir müssen Gott bedrängen
mit unserer göttlichen Seite.
Wir müssen den Schreck Adams überwinden
und unseren rechtvollen Platz
im Paradies wieder einnehmen.
Uns ist nicht mehr verboten,
was wir uns erarbeitet haben
mit dem Leid und der Liebe
des Bewußtwerdens.

Jetzt gehen wir an dem Engel
mit dem flammenden Schwert vorbei
in unsere Heimat.

Gottes Katzenaugen

Ich sehe tief in die grünen Augen Mozarts,
unseres Katers,
und finde darin die gleichen Abgründe
wie in meinen.
Ich staune über die Schönheit
in der Anordnung seiner Barthaare.
Ich wahre seine Grenze,
die er mit seinen vorsichtig
beißenden Zähnen setzt.
Ich erkenne in ihm,
was ich sein könnte
und manchmal sein möchte.

Ich bin bitter begrenzt,
wenn es darum geht,
die Formen des Lebens zu verstehen,
sie mit Leidenschaft zu umfassen
und sie in ihrer Eindringlichkeit zu achten.
In Mozart kommt mir eine andere Welt entgegen,
die genauso reich ist wie meine.
Ich breche meine Blindheit auf,
indem mir die Menschlichkeit wichtiger ist
als die Tier- oder Pflanzlichkeit.
Ich lege meine Überheblichkeit ab
und verbeuge mich vor der Vielfalt,
in der auch ich nur
eine der vielen Erscheinungsformen bin.

Und mit kreativer Wut
sage ich mir eindrücklich:
Laß dich nie wieder einfangen
von den Vielwissern,

die Gott als König
auf ihrem Taschenschach tragen
und ihn mit jedem Zug matt setzen,
ohne es zu wissen.
Verirre dich nicht wieder
in das Verständnis für ihr Unverständnis.
Lasse dich nicht aufhalten
von der Lebensfeindlichkeit
ihrer armseligen Bilder.

Gott hat Kateraugen,
baut Netze wie eine Spinne,
jagt wie die großen Katzen der Savanne,
gleitet durch unerreichbare Unterwassertiefen,
spuckt wie ein Vulkan,
läßt sich zu Sand zermahlen
im Pazifischen Ozean,
ist ein Chamäleon
und leuchtet zum Glück
auch ab und zu
wie ein Blitz
in den Augen eines Menschen auf.

Ich segne dich

Ich segne dich,
wenn du mich nicht verdammst.
Ich liebe dich,
wenn du dich nicht endgültig
über meine Liebe stellst
wie ein Gott.
Ich kann nur so an dich glauben,
wie du an mich glaubst.
Ich höre auf dich,
wenn ich mein Sehnen höre.
Ich erlöse dich
nicht nur mit meiner Not,
sondern auch mit meiner Liebe.

In ausgetretenen Sandalen

Da gehst du vor mir
in ausgetretenen Sandalen.
Ich sehe die Sehnen an deinen Beinen,
deine Sonnenbrille,
das lila Sommerkleid,
die offenen Haare,
deine leicht geschminkten Lippen.

Wild rufe ich,
daß ich es gewußt habe,
während du durch die Glastür
in das Hochhaus trittst.
Ich schlage einen Purzelbaum auf dem Asphalt,
kaufe zwölf rote Nelken von einem Blinden,
befehle einem Taubenschwarm, mir zu folgen,
und laufe die Außenseite des Gebäudes hinauf,
bis zum 50. Stock.

Dort kommst du gerade im Aufzug an,
etwas steif in dem dunklen Anzug,
mit der schwarzen Aktentasche.
Du erinnerst mich an Clarke Kent,
ehe er sich in Superman verwandelt.

Pack deine Aktentasche aus,
wir verändern die Welt.

Der heilige Kontext

Wir können nicht leben,
weil wir uns herausgenommen haben
aus dem heiligen Kontext,
in dem alles mit allem verwandt ist.
Wir haben die erfüllte Welt entleert
mit unserem zweifelhaften Intellekt,
wir haben sie zerdacht, zerlegt, zerstückelt.
Wir haben getrennt, was zusammengehörte,
wir haben entseelt,
was seelenvoll bleiben mußte.
Wir haben überall Leben verneint
und uns damit selbst die Heimat genommen.

Viele von uns sterben den kleinen Tod,
weil wir nicht mehr ahnen,
welcher Zauber in allem wohnt.
Unsere Fähigkeit zu staunen
ist verlorengegangen in zuviel Sachlichkeit.
Wir nagen an den Knochen blutarmer Theorien.

Wir haben den Dingen ihren Geist genommen
und belächeln sogar die Völker,
die die ganze Welt „begeistert" haben.
Die in Bergen, Bäumen und Tieren
deren Heiligkeit sahen
und sich selbst einordneten
in die Buntheit der Schöpfung.

Uns bleibt dann nur ein blutloser Glaube,
der nicht mehr ist als ein Fürwahrhalten,
und ein Gott, der ein Objekt
der Spezialisten ist.
Wir zelebrieren die heiligen Ordnungen
und haben das befreiende Chaos vergessen.

Wir notieren die Sünden
und vergessen das Wunder des Wachstums.
Wir feiern die differenzierten Theorien
und verlernen unsere Sinne.
Wir schicken Gott in den Himmel
und bleiben in unserer Hölle.
Wir haben unsere Wurzeln abgeschnitten
und wundern uns,
daß wir keine Nahrung finden.

Könnten wir wieder schreien
nach einer Heiligkeit, die alles durchsetzt,
nach dem Wasser des Lebens,
nach einer Beseelung unserer trockenen Welt,
nach dem Brot, das nicht nur hungriger macht,
nach angstfreien Räumen,
in denen es Gerechtigkeit für alle gibt,
nach Wahrheit, nicht als Konzept,
sondern als Erlebnis.

Könnten wir uns wieder betten
in die Wahrheit der Landschaften,
in das Gesicht eines glücklichen Gottes,
in die Treue der Worte eines Menschen,
in die Zyklen und Zeiten des Jahres,
in die Wunden unserer Liebe,

wir hätten eine Chance, Gott zu sehen.

Du hältst so still

Du hältst so still,
daß mir jede meiner Unvorsichtigkeiten
doppelt auffällt.
Ich versuche meine Gedanken
in mein Leben einzufädeln,
wie fast unsichtbaren Zwirn
in eine dünne Nadel,
und beobachte mein Zittern dabei.

Stundenlang sitze ich
mit dem Faden vor der Öffnung
wie ein Reicher,
der durchs Nadelöhr will.

Du hältst so still,
daß ich mir
immer sichtbarer werde.

Ich glaube mit meiner Haut

Deine Zuwendung fällt sanft in meine Seele.
Ich schwärme nicht für dich,
aber ich nehme dich wahr
wie ein Geliebter seine Geliebte.

Ich höre besser als früher,
ich habe meine Ohren eingestellt
auf göttliche Geräusche.
Ich achte auf die geringsten Schallwellen,
die du erzeugst.

Meine Haut ist gewachsen
in ihrer Aufnahmefähigkeit.
Ihr Gefühl trägt jetzt Gedanken,
und Gedanken können jetzt fühlen.
In den Schauern, die über sie laufen,
begegnen sich Welten und Weiten.
Ich glaube mit meiner Haut,
meine Direktheit ist Zuwendung.

Ich rieche die größere Weite der Welt
im Wind, der über den Fluß weht
und Feuchtigkeit in sich trägt,
bis zum Parfüm
eines einzelnen Fliederstrauches
in seiner vollen lila Blüte.

Über mich selbst hinaus

Ich wünsche mir nichts sehnlicher,
als über mich selbst hinauszugelangen,
weil ich auch das bin, was ich erahne.
In mir breitet sich das Größere aus,
die Überwindung der Grenzen,
der Eintritt in das Unfaßbare,
von dem ich ebenso lebe
wie von Luft und Wasser.

Ich bin unterwegs zu dir,
auch wenn ich weiß,
daß du in mir wohnst.
Ich will das freisetzen,
was sich nach Erfüllung sehnt.
Ist es meine Verbindung zu dir,
mein grenzenloses Wesen,
was deinem Wesen entspricht?
Vielleicht sind wir unzertrennlicher,
als ich je geahnt habe.

Mit meinen Augen
bette ich mich in den endlosen Himmel,
blau in blau gehe ich unter,
und es ist mir recht so –
so werde ich weiter
und komme zu mir.

Gärtner der Wahrheit

Ich feiere die Suche lebendiger Menschen.
In ihrem Umgraben, Pflanzen und Wässern
entsteht die wachsende Wahrheit,
in der du vielleicht
sekundenlang
wohnen
kannst,
sogar
zwischen uns
und nicht nur in uns.

Ich lebe auf dich zu

Ich lebe auf dich zu,
als wäre ich eine Quelle,
die rückwärts stürzt
und wieder im Erdreich verschwindet,
aus dem sie kommt.
Bis ich merke,
daß der Ursprung und das Ziel
schon immer eins waren.
Alles beginnt, wo es endet.
Und wo es endet, beginnt es.

Triefend komme ich bei dir an,
du Quelle, Millionen Tropfen,
Strahl, Fontäne, Fluß und endlich Meer,
so gehst du über mich hinweg,
in mich hinein
wie ich in dich.

Uns ausgeliefert

Du kriechst als behaarte Raupe
über den Weg, auf dem ich gehe.
Ich kann dich zertreten.

Du fliegst als Storch
durch meinen Abendhimmel.
Ich kann einen Pfeil in deinen Flügel setzen.

Mächtig ragst du als Mammutbaum
aus den kalifornischen Redwoods empor.
Ich kann dich abhacken.

Als Buckelwal ziehst du
die Pazifikküste Nordamerikas entlang.
Unsere Harpunen treffen dich.

Du stehst als Rind im Schlachthaus,
zitternd, in der Ahnung des Todes.
Dein Überleben liegt in unseren Händen.

Als Lufthülle umgibst du
schützend die Erde und uns.
Wir können dich verderben.

Du fließt als Rhein, Elbe und Themse,
als Mississippi, Ganges und Amazonas
durch den Schmutz unseres Lebens.

Wir können dich ersticken.

Manchmal verlaufe ich mich

Manchmal verlaufe ich mich
in den unzähligen Gletscherspalten
deiner bläulichen Liebe.
Ich höre deine Stimme
und kann einen Wildbach
nicht vom andern unterscheiden.

Wenn ich dich eingeladen habe,
konnte ich nicht den Anfang und das Ende
deiner Zuwendung erkennen –
ich ging zugleich in deiner Liebe
und in meiner Verlorenheit unter.

Ich habe auf deine Zeichen gewartet
und stand plötzlich
in der Heimsuchung eines Sturmes,
der mich bis vor deine Tür trug.
Manchmal hast du erschreckend geflüstert,
da habe ich dich
für einen bösen Geist gehalten,
den es auszutreiben galt –
so kamst du wieder ans Wandern
über die Steppen meiner Seele.

Ich habe meine Reusen und Netze
nach dir aufgestellt
und ihnen morgens
manchmal die Leere entnommen,
an der ich nicht satt werden konnte.
So habe ich gläubig gehungert.

Ich habe dir, wem sonst,
mein heiliges Erschrecken gewidmet,
da bist du durch mein Leben gepresst
wie ein gewaltiger Schnellzug des Glücks.

Ob ich dich
verlieren kann,
wenn du erst mal
mit mir verwachsen bist,
unzertrennlich,
ob ich überhaupt weiß,
was du nicht bist,
wenn ich dich erst
in allem erkannt habe,
das wird dann
keine wichtige Frage
mehr sein.

Mein schwarzes Zelt

Ich hatte einmal ein schwarzes Zelt,
das ich in meiner Wüste aufschlug.
Niemand durfte hinein,
und nichts vom Zauber im Zelt
ließ ich nach außen dringen.

Ich war ein Beduine
in der Wildheit meiner Gedanken,
ich ritt auf riesigen Kamelen
durch die Theologie und Philosophie
der albernen Systeme und lachte schallend.

Abends fand ich wieder zurück
zu meinem Zelt,
machte mir eine einfache Suppe
und bestaunte den Sternenhimmel.
Einer Galaxie gab ich meinen Namen.

Es war die Zeit,
in der es mir manchmal gelang,
die Welt als Gott-los zu sehen,
und sie hörte dabei nicht auf,
herrlich und schrecklich zu sein.
Manchmal war Gott dann ein Nachgedanke,
ein Seitensprung in das geordnete Denken
meiner vorbildlichen Vorfahren,
eine kurze Verirrung
aus der Verantwortlichkeit.

Und doch wußte ich die ganze Zeit,
daß ich von nichts anderem lebte
zwischen diesen unzähligen Sandkörnern
als von dem „Wesen der Wüste",
das in mich drang,

auf das ich mich legte,
das mich verdaute, das ich malte,
das ich verdaute, das mich verwandelte,
das ich fantasierte und liebte,
das sich in mir ausbreitete.

Und wer will mich daran hindern,
es den geheimnisvollen Gott,
den alten Wüstengott zu nennen?

Am letzten Tag,
ehe ich mein schwarzes Zelt verbrannte,
sah ich wie zum ersten Mal
das tiefe Blau ganz wolkenlos
und wußte,
daß Namen nicht nötig sind.

Der Erde nah

Ich habe einen schwerfälligen Körper,
der nicht fliegen kann.
Schwer fällt er über sich selbst,
stürzt, zerschlägt, rafft sich wieder auf,
und schon oft habe ich mich gewundert,
warum du dir deinen Partner
so geschaffen hast.

Wäre es nicht passender gewesen,
ich könnte fliegen,
verrückt abheben in jede Richtung?
Aber vielleicht ist in dem Lehm,
den ich noch zwischen den Zehen trage,
meine Liebe zur Erde deutlich.
So binde ich dich, Gott,
an die durch das All schnellende Erde.

In mir
bist du deiner Schöpfung
nah, näher,
am nächsten.

Roter Faden, rote Rose

Mein Leben ist eine endlose Reihe
von Brüchen, Narben, Nahtstellen,
von Ermüdung und Herausforderung,
von Schlaf und herbem Erwachen.
Und darin erscheinst du seit Jahren
wie ein roter Faden,
der Unbekanntes verbindet,
der wie der Faden des Arztes
das Auseinanderklaffen der Wunde verhindert.

Roter Faden durch die Armaturen,
die ich in der Brust trage
und mit denen ich meinen Standort,
meine Verklemmung, mein Glück messe
und nur mühsam schlauer werde.
Roter Faden, dem ich nachhumpele
wie ein Krüppel des Geistes.

Roter Faden,
rot wie eine rote Rose,
die manchmal im späten Frost
klirrend zerspringt
und deren Blütenblätter
mich wie Hagel treffen.

Gott ist nicht eifersüchtig

Gott ist nicht eifersüchtig
auf das, was wir lieben.
Genau darin versteckt er sich.
Wir aber
erkennen ihn
vor Angst nicht
und zerstören das Geliebte
und uns selbst
mit dem Bild vom eifersüchtigen Gott
in uns.

Ich schäme mich meiner nicht

Gott,
nimm mich zurück,
wenn ich dir nicht gefalle.
Ich habe als dein Gedanke begonnen.
Du hast dir etwas vorgestellt,
ehe ich dazu etwas entscheiden konnte.
Ich habe mich nicht gemacht,
aber ich stehe zu deiner Schöpfung,
zu deinem Gedanken.

Stehst du zu mir,
so wie ich bin,
ohne mich verändern zu wollen?

Ich will kein Flüchtling mehr sein,
kein Gejagter, kein Verachteter,
sondern dein Gedanke,
der zu einem Gegenüber wird.

Ich schäme mich meiner nicht.

Meine Wunde

Ich trage eine Wunde von dir,
in der du liegst.
Jede deiner Bewegungen
irritiert diese Wunde.
Jede meiner Bewegungen
löst Schockwellen des Schmerzes
in mir aus.

Die Wunde hat einen blaurotschwarzen Rand,
sie ist entzündet,
sie heilt nicht,
sie blutet und eitert.
An dir entzünde ich mich.
Zum Leben und zum Tod.

Hilf mir, hilf mir nicht

Hilf mir,
ich falle in die Sinnlosigkeit.
Hilf mir nicht,
ich will ertragen, was den Menschen
menschlich macht.

Hilf mir
aus der Lächerlichkeit meines Lebens,
die mich in den stillen Momenten angreift
und der ich nichts entgegenzusetzen habe
als ein Stolpern über Worte.
Hilf mir nicht.

Hilf mir zurück ins Paradies,
ich will wieder Kind sein,
die bunten Bäume bestaunen
und diesmal die richtige Wahl treffen.
Hilf mir nicht,
ich habe Werkzeuge entwickelt,
mit denen ich den Engel an der Pforte
überwinden
und ihn befreien werde von seiner Wache.
Und außerdem
habe ich damals die richtige Wahl getroffen:
sieh mich an, ich bin erwachsen geworden
und habe die Liebe gelernt,
die viel mehr ist als Gehorsam.

Hilf mir
Hilf mir nicht
Hilf mir
Hilf mir nicht

Heilig

"Heilig" ist ein Wort,
das uns in tiefe Abgründe gestürzt hat.
Du warst heilig,
und daneben waren wir immer schmutzig
und furchtbar unwürdig.
Das Wort „heilig" war eine Peitsche,
die über uns knallte,
die uns in den Rücken biß
und uns immer kleiner machte.

Nur wenige von uns fanden den Weg
aus der Furcht vor diesem Wort
zu uns selbst,
zu der eigenen Heiligkeit.

Darum will ich dich nicht mehr heilig nennen,
nicht mehr den Abstand
zwischen dir und mir zelebrieren,
als täte ich dir damit einen Gefallen.
Ich komme jetzt ohne das Wort aus,
wenn ich von dir rede,
wenn ich dich anrede,
wenn ich an dich denke.
Du hast dich in mir verwandelt.

Unser Denken liegt in Ruinen

Unser Denken liegt in Ruinen,
wir haben die pergamentenen Blätter zerrieben
mit unseren Fragen.
Wir verlassen den kühlen Wirrwarr
der ausgetretenen Gedanken.
Wir wünschen deine Haut zu berühren,
deine Tränen, deine Not,
die Wärme deiner Lippen,
deine Einfühlsamkeit
in unsere inneren Bewegungen.

Uns fällt nichts ein,
was nicht menschlich wäre,
wenn wir von dir reden,
weil wir nur uns haben,
ohne jede Rettung.
Und so suchen wir dich
immer wieder als Mensch,
um Menschen bleiben zu dürfen.

Mein menschlicher Segen

Ich segne dich
mit meinem menschlichen Segen,
der das Kostbarste ist, was ich besitze.
Ich erhebe dich nicht über mich,
ich stelle dich nicht unter mich.
Ich kämpfe nicht gegen dich,
ich verlasse dich nicht.
Ich dichte dir nichts an,
was ich nicht glauben kann.
Ich nehme dir nichts.
Ich lasse dich leben
in den unzähligen Kammern meines Wesens.

Ich verehre dich nicht
und ich lästere nicht.
Ich verfälsche nichts,
als müßte manches
größer oder kleiner gemacht werden,
um es zu schätzen oder zu entwerten.
Ich verachte nicht,
so wie ich auch nicht glorifiziere.
Was ist, ist.

Ich laufe nicht vor dir weg,
aber ich jage dir auch nicht nach.
Ich lerne mit zunehmendem Alter
von den Anstrengungen auszuruhen,
dir zu gefallen,
das Richtige zu tun,
zu wachsen, reif zu sein,
richtig zu glauben und zu handeln
und endgültig vor dir zu bestehen.

Ich gehe in mich,
nicht unter Druck,
nicht als neues frommes Werk,
sondern weil ich es will
und ich angezogen bin von dem Reichtum,
den ich in mir spüre.
Und immer häufiger stelle ich fest,
daß ich dabei auf dich stoße,
wenn ich mich finde.

Ich lade dich ein,
ohne Hintergedanken und ohne Pflichtgefühl,
mit mir durch die Landschaften
der Erde zu streifen,
ein Paar, das liebt und leidet,
sich freut und trauert.
Ich werde dich nicht darum bitten,
ich werde da sein, wo ich bin.
Ich habe geübt, nicht mehr
und nicht weniger zu sein,
als ich bin.

Auf unseren Streifzügen
sollst du mal der Pfeil sein
und ich der Bogen,
und dann werde ich der Pfeil sein
und du der Bogen.
Mal gehe ich am Meer,
und du springst durch die Berge
von Spitze zu Spitze.
Mal werde ich handeln,
und du wirst schweigen.
Dann wirst du reden,
und ich werde mit meinem Schweigen handeln.

Ich täusche mich

Ich täusche mich,
weil ich es manchmal nicht aushalte,
das Endgültige über dich nicht zu wissen.
Ich werde nicht getäuscht,
sondern ich täusche mich selbst.
Vorsätzlich und bewußt
wähle ich den Weg geringerer Widerstände.

Dann flüstere ich mir Überzeugungen ein,
ich übe das Blindsein,
ich überspringe manche Abläufe,
um nicht an Wänden zu zerschellen.
Ich mache mir Bilder und sammle Beweise,
aber irgendwann kommt doch wieder
die Gewalt der Wahrheit:
Ich weiß nicht.

Dann wünsche ich einen Augenblick lang
in einer der Falten
deines großen Mantels zu verschwinden.
Dann will ich deine Augen,
deine Hände, deine Schulter
anfassen.
Dann reichen keine Theorien,
alle Mutmaßungen sind mir über,
sämtliche Lehren sind grau.
Ich zerfalle.

Doch am Ende bleibt:
Ich weiß nicht,
aber ich wähle zu glauben.

Ich bin davongegangen

Ich habe dich heute an der Ampel gesehen.
Du warst in dem Rot.
Da bin ich ausgestiegen,
habe mein Auto
mit offener Tür stehengelassen
und bin davongegangen
durch die Straße,
den Vorort,
aus der Stadt hinaus,
in die Felder
und immer weiter
in die weite Welt.

Ich habe mich nicht umgesehen,
ich habe meine Gedanken nicht zurückgeschickt,
ich habe vergessen, was ich besaß.
Ich bin frei geworden.

Ich spicke meine Sprache mit Glück

Ich spicke meine Sprache mit Glück.
Ich versetze die Weiden in Erstaunen
mit meiner morgendlichen Aura.
Ich beobachte, wie mein landender Traum
den Blumen die Köpfe hebt.
Der Fluß spricht mich an
und zweifelt nicht daran,
daß ich ihn verstehe.

Unendlich ist mein Wortschatz nicht,
wenn ich nach Anreden für dich suche,
aber doch multiplizieren sich meine Silben
aus Liebe zu dir.
Manchmal finde ich noch unausgeleierte Worte,
die dazu taugen, das Unsichtbare
für Minuten erscheinen zu lassen.

Die Farben meiner ganz persönlichen Wahrheit
stürzen ineinander
wie Ströme,
die ganze Kontinente durchzogen haben
und endlich ineinander münden,
um alles zu weißem Licht zu verwandeln.

Ohne Leiter

Ich bat dich
um eine goldene Leiter zum Himmel,
um einen Zauberschlüssel,
der alle Türen auftut,
auch die in die Unwirklichkeit.
Von dir wollte ich die Zuwendung,
die ich mir selbst geben mußte,
ich wollte Kind bleiben.

Bis ich begriff,
daß auch dir verschlossen ist,
was wir nicht öffnen,
daß du nicht der Zauberer bist,
der mit göttlicher Magie
heile heile Segen macht.

Da übernahm ich deine Stelle,
schenkte mir mit Fantasie
die ersehnte Zuwendung,
legte mir neue Schlüssel an meinen Bund,
lernte das Fliegen
und brauchte keine Leiter mehr.

Augen für dich

Unendlich reich ist das Leben,
überfließend voll mit Impulsen,
Herausforderungen, Geheimnissen.
Nöte verlangen mir das letzte ab,
Freuden lassen mich radschlagend
verschlossene Türen in mir öffnen,
und in den Mysterien entstehe ich immer anders,
als sogar ich mich dachte.

Es ebbt und flutet an mir vorbei,
umspült mich, reißt mich mit sich,
läßt mich zurück, holt mich wieder,
spielt mit mir, zerstört mich,
erhebt und erniedrigt mich.
Ich gehe mit, widerstehe, erliege.
Dann wiederum kämpfe ich
um das kleine Stück Sinn,
um die dünne Decke, unter die ich kriechen kann,
um die Kälte zu überleben.
Ich triumphiere, versage,
träume, hoffe, lache, höre und fühle;
ich lebe, dicht und wild,
ich presche durch die Unmöglichkeiten,
ich erkenne die Begrenzungen nicht an.
Mit beiden Händen packe ich zu
von Moment zu Moment,
von Jahr zu Jahr.

In allem übe ich,
Augen zu entwickeln für dich,
für deine Spuren, für deine Hand.
Alles ist mit dir verbunden,
in jedem Ding steckt dein Wesen,
in jedem Ablauf entfaltet sich
etwas von dem Zusammenhang,
an den ich glaube.

In den überkippenden Schaumkronen,
in dem endlosen Gesang des Tangs,
in den zu Sand gewordenen Muscheln,
in den sich ergebenden Dünengrasbüscheln,
in dem Feuer am Horizont,
in der Nacht der schreienden Seele,
in der auflodernden, verbrennenden Seele selbst,
in der Leere der sinnlosen Tränen
bist du mit deinem Wesen.
Keiner unserer Tode geht an dir vorüber,
immer sterben wir an deinen Augen vorbei,
du siehst uns und bewohnst unsere Not.
Weine ich nicht auch deine Tränen,
wenn ich ausweglos bin
und in einem schwarzen Sack lebe?

Du wirfst dich dazwischen,
wo die Erde sich in Verwerfungen auftut,
du weichst auf in der Klage deiner Weisheit,
ich erkenne dich an dem Fieber deiner Augen,
ich höre dich in dem Untergang alter Stimmen.
Es gibt nichts, was mich nicht an dich erinnert,
und darum fliehe ich nicht mehr
vor der beängstigenden Tiefe in mir.
Ich ertrage den Zerbruch,
das Aufschrecken der Seele in Kälte.
Ich halte aus,
ich lasse mich gegen die Wände knallen,
an denen schon das Blut
der heiligen Heiden klebt.
Ich lese sie auf, ich verbinde sie,
wie Medizin gebe ich ihnen die Silben ein,
an denen sie genesen können.

Ich verbinde mich
in heiliger Verschwörung mit dir
und lasse mich nicht mehr
vom Erschrecken verjagen.

Ich stehe auf gegen die Halbherzigkeit in mir,
ich verfluche die seichten Erlösungen,
in denen Menschen verkommen.
Ich verweigere den Gehorsam
gegen alle Systeme,
in denen du immer kleiner wirst,
weil sie das Leben nicht lieben,
bis du unter uns verschwindest,
eine Handvoll Staub,
eine Sammlung von Gesetzen,
die töten.

Gott,
springst du mit mir
über die Mauern aus Worttürmen,
aus Schneewittchenspiegeln,
aus dem armen Beton,
der sich nicht wehren kann
gegen die Verbildung durch Ideologen?
Über die Mauern aus Bibeln,
in deren Saffianleder sich Menschen verlieren
wie in fremden Häuten.
Kommst du mit in die abgeernteten Felder,
auf denen nichts mehr wachsen wird,
in die Wüste voller Knochen?

Gehst du mit mir in die Knie
der verknoteten Knochen Gelähmter,
um wie ein Gottloser
das Beten zu lernen,
nicht in den Floskeln der Frommen,
nicht in der Sicherheit gewählter Predigten
und schon gar nicht
in der Ruhe übervoller Hallen
mit toten Lebendigen?

Wenn ich werde, wirst du.
Wirst du, werde ich weiter.
Werde ich weiter,
findest du immer mehr Orte
für deine Verwandlungen.
In meinen Falten entfaltest du dich,
in meinen Worten
wird deine Stimme Menschenstimme.
Ich fange deine Wucht
mit meinen Stimmbändern auf.
Vorsichtig und vorläufig
spreche ich von dir als vertrautem Fremden
mit den tausend Zungen, die ich habe,
wenn ich das Träumen wiederfinde
und dich in seinem Kern.

Verirrung

Manchmal fällst du aus unserer Liebe,
und wir vernachlässigen dich.
Wir verstoßen dich, wir lehnen dich ab,
weil du unmöglich bist in deinen Forderungen.

Bis uns auffällt, daß wir uns selbst
schon lange nicht mehr lieben,
daß wir uns selbst verlassen
und in die Irre geschickt haben
und uns selbst ablehnen
in der Unbewußtheit,
aus der Zerstörung entsteht.

Wie eine Pflanze,
die von ihren Wurzeln getrennt wird,
die nicht mehr das Erdreich unter sich spürt,
aus der sie Nahrung bekommt,
nicht mehr die Feuchtigkeit aufsaugen kann,
so sind wir dann
und so erscheinst du in uns.

Flamme von deiner Flamme

Ich brauche von dir kein Feuer zu stehlen,
aus Feuer hast du mich gemacht,
hast mir Leidenschaft verliehen,
in der ich berührt werde und berühre
bis zum Verbrennen.

Ich brenne mit Menschlichkeit.
Ich schüre das Feuer des Verstehens,
das mich und andere wärmt.
Ich glühe in Hoffnung.
Ich leuchte in meinem Einsatz.

Ich bin Flamme von deiner Flamme,
Glut deiner Glut.
Wenn ich glühe, glühst du in mir.
Zusammen schaffen wir die Wärme,
die Leben ermöglicht.

Nicht auf einem Diebstahl
ist mein Leben aufgebaut,
sondern auf dem Prinzip des Teilens,
ich mit dir und du mit mir.

Ich treibe dich aus

Ich treibe dich aus
aus mir.
Du sollst nicht
als Herr in mir wohnen,
nicht als Herrscher,
als kleinlicher Pedant,
als verkappter Tyrann,
als Beobachter, als Not,
als Bedrohung.

Im Namen deiner selbst
treibe ich dich aus,
du Gott, der du nicht Gott bist,
wenn es dir darum zu tun ist,
Gott zu sein.
Ich jage dich davon,
du Stammesgott,
nicht weil ich dich verachte,
sondern weil ich dich liebe,
du Gott über den Stammesgöttern.

Es ist Zeit,
daß du dich in mir entfaltest
und die Grenzenlosigkeit ausrufst,
in der ich befreit werde
zu dem, was hinter den Dingen
und Erscheinungen liegt.

Ich jage dich davon,
wenn du Angst hast
vor unserer Größe
oder neidisch bist auf uns.

Schon lange habe ich begriffen,
daß ich mit Bildern um mich werfe:
auf alles projiziere ich meine Vorstellungen,
alles versehe ich mit der Wirklichkeit,
die ich denken kann.
Mit dir habe ich es auch gemacht,
mir aber eingeredet,
ich würde tatsächlich von dir sprechen,
als gäbe es nur *ein* deutliches Bild von dir.
Jetzt ist es Zeit,
daß ich dich befreie aus den Käfigen.

Ob ich es dann aushalte,
vor dir zu stehen,
nackt und ohne den Schutz der Formeln,
ohne den Mantel meiner Unterwürfigkeit,
ohne die Gloriole deiner Herrlichkeit,
in der ich mich früher gebadet habe,
ob ich es dann aushalte
oder verrückt werde,
weil ich zuviel gewollt habe,
werde ich dann sehen,
und es wird früh genug sein.

Es wird besser sein,
als selbst immer mehr zu wachsen,
weise zu werden,
dich aber in dem alten Bild festzuhalten,
das ich schon kannte,
als ich noch ein Kind war.
Willst du
in der Weite meiner Fantasie wohnen
und so Heimat geben und empfangen?

Wenn du nicht kommst

Wenn du nicht kommst,
komme ich und höre auf zu warten.
Wenn du nicht hörst,
wird mein Gehör schärfer,
ich höre das Seufzen der Welt.
Wenn meine Haut kalt wird,
reibe ich sie warm,
bis sie wieder durchblutet ist
mit Menschlichkeit.
Wenn du nicht liebst,
verdoppele ich meine Liebe
und erhebe die Welt.

Wenn du mich enttäuschst,
komme ich dir näher,
weil ich lerne, mir zu sein,
was ich immer von dir erhofft habe.
So hole ich dich heim
in mir,
indem ich der werde,
den ich geahnt habe.

Keine Wassersuppe für Gott

Ich verwehre mir
die Sicherheit über dich.
Ich will dich nicht einschließen
in das Gerippe meiner Gedanken.
Du sollst nicht
an meiner Wassersuppe verhungern.

Lieber werfe ich meine Tür auf
und lasse die Unsicherheit ein,
die Wackligkeit jeder Wahrheit,
als daß ich dich wieder fange
im Schlachthaus meiner Schlauheit.

Wie ein atmender Brustkorb

Wie ein atmender Brustkorb,
der sich erhebt und fällt,
so bete ich mich zu dir hin
und von dir weg.
Mein Leben atmet seinen eigenen Rhythmus,
ich pulsiere mich durch die Engen
und Weiten des Lebens,
ich schnaufe und stöhne,
ich steige und falle,
ich ebbe und flute.

In Verwegenheit springe ich dich an,
du Namenloser,
dem ich keine Namen geben will,
weil es mir lieb ist,
wenn ich dich nicht anreden kann.
Dein Wesen will ich,
nicht die Vielzahl deiner Namen.
Und in deinem Wesen wünsche ich
einen Platz für mein Wesen,
eine Heimat für meine Zerschlagenheit.

Verliebt in dich
mit der ganzen Kraft meiner unruhigen Seele,
meines endlosen Geistes,
werde ich zu der Sehnsucht,
die noch weit hinter den Tränen liegt.
Ich ahne die Welt, wie sie sein kann.
Ich trage meine Erwartung wie eine Wunde,
ich erwarte die Erlösung aller von allem,
vom todgeweihten Regenwald
über das bebende Rind im Schlachthof,
über den entschiedenen Zweifler,
der durch seine vielen Verletzungen
aufgegeben hat zu lieben,

bis hin zu mir
in meinem Kampf mit den vielen Schleiern,
die vor allem hängen.

Dich liebend und voller Überzeugung,
daß meine Liebe dich sichtbar machen wird,
trage ich meine Liebe im Hals,
in den Füßen,
in meinem Geschecht,
in meinen Augen, ja besonders in diesen,
in meinen Lippen.

Komm an, daß ich dich liebe,
oder bin ich dir zu nah?
Sag's mir, merkst du es,
daß ich es bin, der dich liebt,
nicht nur einer von Tausenden und Millionen,
sondern ich
in meiner Unauswechselbarkeit?

Angeschmiegt

Du nimmst die Form des Raumes ein,
der zwischen mir und meinem Gegenüber
leer geblieben ist.
Du gießt dich hinein in das,
was wir nicht besetzt haben.
Wir geben dir deine Form.
Wir spüren die wabernde Luft,
das stille erfüllte Wesen des Nichts.
An unsere zaghaften Worte
und unser hoffendes Schweigen
schmiegst du dich an.
Von Satz zu Satz geschieht der Durchbruch,
an dem du beteiligt bist.

Du ereignest dich zwischen uns
als die Bewegung zweier Seelen
aufeinander zu,
voneinander weg.

Zart entstehst du in den Fäden
unserer vorsichtig gesponnenen Zuwendung.

Ewig leben

Die Luft teilt sich
in tönende Kammern.
Gott reist durch alle Zimmer.
Erst ist er im Cello,
dann ist sie im tanzenden Klavier,
danach in der erregten Geige,
die meine Vernunft übersteigt.
Sein Wesen verewigt die Schwingungen
in jeder Sekunde.

Stück um Stück
werden meine Augen befreit.
Sachlich und ohne Ekstase
tut sich der Himmel auf,
wo ich es nicht erwartet habe.
Schon hier läßt sich ewig leben.

Inwendig ist es

Wenn ich nicht mehr sehen kann,
vertraue ich auf deine Augen.

Wenn ich nicht mehr hören kann,
lausche ich auf deine Gebete an mich.

Wenn ich nicht mehr sauber werde,
eröffne ich den neuen Tag von dir.

Wenn ich die Wege vergessen habe,
zücke ich deine Landkarte.

Wenn ich hilflos bin,
stärke ich mich an deiner Gewaltlosigkeit.

Wenn ich in alle Richtungen auseinanderfliege,
konzentriere ich mich auf die Mitte.

Ich sehe und höre durch dich,
ich finde mich zurecht
an dir in mir,
wo sonst
als in mir,

in mir,
wo du bist.

Kein Besitz in der Liebe

Gesegnet ist die Stille,
in der ich wieder auf dich stoße.
Ich brauche dich nicht einzuladen,
du bist immer eingeladen
in deinem Zuhause.

Ich betrachte deine Lippen an meinen,
meine Augen sehen dich an,
in meinen Beinen gehst du,
mal geschmeidig, mal knöchern.
Mir ist altvertraut, wer du bist,
auch wenn ich dich manchmal mühsam buchstabiere.
Es gab mich schon immer in dir
und dich unerkannt in mir.

Wir sind verbunden wie Geliebte,
die in ihrem erschreckenden Erstaunen
nicht wissen, wo sie beginnen und enden.
Ich gehöre zu dir,
ohne dir zu gehören,
so wie ich auch dich nie haben werde,
weil es keinen Besitz in der Liebe gibt.

Wir gehören zusammen

Seele,
du Leben in mir,
gehe deinen eigenen Weg.

Kümmere dich nicht um den Gott,
der dich herauslöst
aus deinem Lebensgeflecht
und dich in die Entfremdung verschleppt.

Bleib dir treu,
laß dich nicht locken
in die Religion der Vernachlässigung
deiner selbst.

Verbete dich nicht
in dem Irrgarten der Formeln,
in der Wüste der Worte.
Lebe an dem Toten vorbei
in den Himmel der Erfahrung.

Körper,
du mein Gewicht und Glück,
entleibe dich nicht
vor einem Gott,
der Geist ist.

Halte fest
an der Festigkeit deines Fleisches,
an dem Geschenk der Haut.
Erst wenn Gott Fleisch wird,
ist er Gott.

Geist,
du Gestalt meiner Gestalt,
werde du nicht nur
die Vertiefung der Sehnsucht,
in die sich Gott gibt.

Kalkuliere weiter das Unberechenbare.
Denke dich durch die Engpässe
zu kleiner Formeln und zu großer Angst.
Höre auf das Klopfen der Zahlen
mit ihrer unerklärlichen Mystik.

Behalte deine eigenwillige Form,
deine Sendung, dein Glitzern,
die Wahl deiner Erleuchtung
in der grauen Wirklichkeit.

Wir drei sind eins.

Du bist unauslotbar

Du bist unauslotbar,
unverstehbar,
unbegrenzbar,
nicht festzulegen,
unbeschreibbar,
unendlich
wie ich.

Mit dem göttlichen Gesicht

Ich zerschlage den Kerker,
in dem ich mich gefangen halte.
Ich zerstöre die Ordnungen der Unordnung
und gelange an den Rand,
an dem die Umkremplung der Welt losgeht.
In mir spüre ich den Rebellen
mit dem göttlichen Gesicht,
der nicht zu befriedigen ist,
der auch jetzt noch,
in den tausend Verirrungen
und den hunderttausend Toden,
die Züge Gottes nicht ablegt,
sondern mit seiner Verzweiflung
die Suche energetisiert,
bis Funken sprühen,
aus denen neue Welten entstehen.

Wenn ich in den Tränen untergehe,
deren Bedeutung ich nicht verstehe,
dann weiß ich,
daß ich der Erlösung nahe bin.
In mir gibt es ein Paradies,
aus dem ich nie vertrieben worden bin.

Die Fratze Gottes

Wir haben die Fähigkeit,
dich uns so vorzustellen,
daß wir daran vergehen,
selbst noch, wenn wir sagen,
daß du unser Leben bist
und wir ohne dich nichts sind.

Dabei bist du unser Tod.
Unser Gebet an dich
ist gespickt mit Selbstverachtung.
Du zerstörst unsere Begeisterung
für das dichte, spannende Leben.
Du verfolgst uns
in einem Akt persönlicher Rache.
Und wenn wir uns endlich selbst
fremd geworden sind,
glauben wir, dir am nächsten zu sein.

Aber das bist nicht du,
sondern eine erschreckende Fratze
in unserer Verirrung.
Das sind wir gegen uns selbst
in einer Orgie der Selbstzerstörung,
in der Finsternis unseres Glaubens
an eine Lebensfeindlichkeit,
die wir Erlösung nennen.

Kein Himmelsentzug

Es ist befreiend,
nicht an dich glauben zu müssen,
wenn ich es nicht mehr kann.
Ich mache mir keine Sorge um dich,
um die Minderung deines Ruhmes,
wenn ich dich nicht mehr anbete,
als wärst du ein Star,
der darüber Buch führt,
wie viele ihn mögen und umjubeln.

Ich mute dir zu,
ohne meinen Glauben zu leben
und mich nicht für meine Glaubenslosigkeit
zu bestrafen mit Himmelsentzug.

Ich verachte den König in dir

Ich verachte den König in dir
und den Hirten,
ich verachte alles, was dich festhält
in der Kleinlichkeit und Vorläufigkeit
unserer menschlichen Bilder.

Nur über diese Verachtung
setze ich dich frei.
Nur über die Ablehnung des Gewesenen
schaffe ich dir in mir eine Zukunft,
in der du mit der Welt mitwachsen kannst.
Nicht mehr ein Stammesgott,
nicht mehr der Herr der Heerscharen,
nicht mehr Hirte, Weinbauer oder Landwirt,
nicht mehr Ausdruck der Begrenztheit
unserer Vorstellungen.

Und doch
ist jedes Bild
ein Baustein genau der Bildlosigkeit,
in der du immer gelebt hast.

Keine falsche Demut

Ich werde mich nicht beschmutzen
mit falscher Demut,
um dir zu gefallen,
weil es verkappter Hochmut ist,
der in der eigenen Erniedrigung
dein Lob sieht.

Ich werde mich nicht mehr verlassen,
als würde ich mich nicht lieben
und als wäre es ein besonderes Verdienst,
die Kompliziertheit meiner Seele,
das Feuer meines Körpers
und die ernsthafte Suche meines Geistes
gering zu achten
und sie so zu verraten.

Du bist, damit wir sind.
Du bist du,
damit wir wir sein können.
Wenn wir nicht lebendig leben,
verfehlst du deinen Sinn.
Du hast deinen Sinn mit uns verbunden,
du hast dein Schicksal
aufs engste mit unserer Erfüllung verknüpft.

Ich lasse dich nicht im Stich,
weil ich mich nicht im Stich lasse.

Wo die Fragen aufhören

Wenn ich in dir bin
und du in mir,
dann hören alle Fragen auf.
Ich ruhe von meinem Streben.
Mein Herz ist in sich gekehrt
und doch nach außen offen,
beides in einem.
Es entfaltet sich das,
was ist und sein wird.
Es gelingt mir dann besser,
das Wesen von allem zu sehen.
Das Schicksal, das allem innewohnt,
verstehe ich gleichzeitig als Wahl
und als Bestimmung.
Ich greife, begreife
und werde ergriffen.
Ich werde geheilt und heile.

Tastend
wie Liebende im Dunklen,
so fühle ich nach dir.
Alles an mir
ist aufnahmebereit.
Meine Sinne sind angestrengt,
ich will nicht verpassen,
wenn du dich bewegst
und dich nach mir ausstreckst,
um mir zu zeigen,
daß du da bist
und mich liebst.

Keine Rettung

Ich erwarte nicht mehr die Rettung
durch meine Vernunft.
Zu oft hat sie mir das gebracht,
was nicht weiterhalf.
Auch wenn ich sie liebe,
bleiben ihr viele Türen verschlossen.

Ich erwarte meine Rettung
nicht von der nackten Disziplin,
mit der ich durchhalte,
um etwas zu erreichen,
was oft kalt und tot ist.

Ich erwarte keine Rettung
von meiner ernsthaften Frömmigkeit.
Ich will Gott nicht gütig stimmen
und nicht belohnt werden
für den richtigen Glauben.

Ich erwarte auch von dir nicht die Rettung.
In meinem Bild
bist du nicht mehr der Retter.
Ich erwarte überhaupt keine Rettung mehr.
Ich habe begriffen, daß ich ein Mensch bin,
hier und jetzt,
geworfen in Zustände,
an denen ich sterben werde
wie wir alle.

Ich will mich den Herausforderungen stellen.
Ich will nicht,
wie auf dem Rücken eines Fabeltiers,
auf Gottes Rücken über die Welt fliegen
und sie damit entwürdigen.
Ich will den Mut entwickeln,
standzuhalten und nicht zu fliehen
in die papierenen Dogmen kleinkarierter
und doch überheblicher Frömmigkeit.
Ich will mich nicht davonschleichen,
wenn die Angst wächst,
sondern sie ansehen wie jeden Gegner,
durch den ich reife.
Gegen die Nichtigkeit
will ich einen Sinn setzen,
und die erschreckende Leere
will ich mit entschiedener Liebe füllen.

Ich will meine Vergänglichkeit annehmen.
Ich will meinen Teil der Last tragen.
Ich will mein Menschsein feiern,
mich auf meine Würde besinnen
und mich nicht schämen.

Immer suche ich dein Gesicht

Immer suche ich das Gesicht Gottes,
ob ich es weiß oder nicht.
Mit einem stillen, tiefen Feuer
brenne ich auf ihn zu,
mit Handlungen katapultiere ich mich
in neue Umlaufbahnen um diese Sonne.
Und dann wieder falle ich in mich zusammen,
voller Gläubigkeit, daß ich in allem
von ihm genährt werde.
Ich zerre an dem Schleier
und entdecke meinen Mut zur Gott-Losigkeit.

Um meine Bilder
sammeln sich die Geschichten derer,
die ihn gesehen haben
und darum doppelt fürchten
oder vor nichts mehr Angst haben.
Aber ihre Furcht und Furchtlosigkeit
lassen mich leer.
Was sie gesehen haben,
ist nicht, was ich sehe
oder je sehen werde.

Wie soll ich ihn anreden
und wie mein Herz auftun?
Dieser pochende Sitz meines Lebens
ist voller Löcher,
wo er mich getroffen hat,
aber auch mit den Löchern
hält sein Bild besser als je zuvor.
Weder Herz noch Bild
gehen in den Wellen unter,
die die Zweifel machen.

Hat er ein Gesicht,
außer dem, das wir ihm geben?

Gott hat die Augen zu

Gott hat die Augen zu.
Er erträgt nicht,
daß er uns so vernachlässigt hat.
Er will sich nicht sehen lassen,
will sich nicht in uns Sterbenden sehen.
Er will nicht wieder sterben.
So schickt er den Nebel und die Nacht.

Von ihm lerne ich,
daß ich mir nah sein muß.
So wie er mich vergißt,
will ich mich lieben.
Seine Vernachlässigung
ist mir das Maß für meine Zuwendung.

Ich muß an mich denken,
weil ich in seinen Gedanken
aufgehört habe.
Vielleicht ist das seine Herausforderung:
So wird er leben.
Und ich.

Ich lobe nicht deinen Namen

Ich lobe nicht deinen Namen,
nicht deine Größe,
nicht deine Herrlichkeit,
nicht das Unfaßbare an dir.
Ich versuche nicht den Abstand zu halten
mit meiner Unterwürfigkeit.
Ich bestaune nicht deine Allmacht,
dein Allwissen.

Sondern daß du nicht eingreifst,
daß du uns zutraust,
mit unserer Schrecklichkeit
und unserer Größe umzugehen,
daß du nichts tust
und wir so auf uns selbst geworfen sind,
um erwachsen zu werden.

Ich frage nicht,
wie du etwas geschehen lassen konntest,
weil ich weiß,
daß du nicht eingreifen kannst,
wenn wir unsere Selbstbestimmung lernen.

Dunkles Licht

Ich verwöhne dich nicht in mir.
Ich füttere dich nicht
mit meiner Armut.
Ich unterwerfe mich nicht
deiner Allwissenheit.
Ich leuchte nicht
als Abglanz.
Ich bin das Bitterkraut,
das ich bin.

Bist du glücklich,
daß es dir gelang,
trotz deines Lichtes
ein Wesen mit der Dunkelheit des Ahnens
zu schaffen?
Bin ich nicht Ausdruck
deines dunklen Lichtes,
in das niemand kommen kann,
der nur strahlt?

Innen und außen sind eins

Alles ist und wird durch dich,
so wie du durch die Dinge
und Gedanken wirst.
Was du bist, ist die Welt,
und die Welt ist in dir unterwegs
zu dem, was sie in dir war.

Alles ist mit Fäden verbunden,
und an einem zu ziehen
heißt alles zu betreffen.
Die Vernetzung läßt nichts aus.
Alles ist durchsetzt von dir,
so wie alles dich widerspiegelt
vom Höchsten zum Tiefsten,
vom Kleinsten zum Weitesten.

Wo du bist,
breitet sich die Welt aus,
und wo die Dinge und Wesen sind,
bist du anwesend,
sichtbar und unsichtbar.

Alles, was von dir wegstrebt,
strebt zu dir,
und was zu dir strebt,
findet sich selbst,
weil du nah und fern bist,
innen und außen,
oben und unten.

Das Geheimnis

Nirgendwo
bist du,
wenn nicht
in mir.
So gebäre
ich dich.

Gesegnet

Gesegnet ist die,
die dich nicht verschreit
auf den Märkten der Welt,
auf denen nur Gewinn und Verlust gilt.

Gesegnet ist der,
der sich nicht versteckt,
sondern sich ins Herz sehen läßt,
weil in der Offenheit Genesung liegt.

Gesegnet ist die,
die nichts für zu klein achtet,
um es mit dir in Verbindung zu bringen,
sie wird merken, wie groß du bist.

Gesegnet ist der,
der seine Gleichgültigkeit
immer neu durchbricht,
um den Motor seines Herzens anzuwerfen
für die Rettung der Welt.

Gesegnet ist die,
die ihre Gebete nicht flach spricht,
sondern mit ihrem Magen,
mit Eingeweiden, Nieren
und mit einem geraden Rückgrat.

Gesegnet ist der,
der die Unheimlichkeit seiner Kraft erkennt
und sich darum doppelt stark einsetzt
für die Verteidigung des Lebens
in seiner Regenbogenvielfalt.

Gesegnet ist die,
die sich für Gerechtigkeit einsetzt,
ohne Ansehen der Person,
in einer käuflichen Welt.

Gesegnet ist der,
der auf das Unscheinbare achtet
und noch Zeit hat, aufmerksam zu sein,
und nicht untergeht in der Hetze
nach dem Flüchtigen.

Gesegnet ist die,
die lachend an sich glaubt
und sich nicht auslöscht
oder auslöschen läßt
in allen Enttäuschungen und Erfolgen.

Gesegnet ist der, der begreift,
daß alle Veränderung bei ihm beginnt,
in der Verwandlung des eigenen Kerns
und der Verwegenheit des Hoffens.

Gesegnet sind die,
die mit Gott auf Leben und Tod kämpfen,
weil daraus Leben entsteht.

Gott, Mutter

Gott, du Mutter,
schon lange brauchen wir dich,
um der Welt der Väter zu entkommen.
Ich will nicht mehr den Vater-Gott,
der herrscht, verlangt und bestimmt.
Ich kenne die Formen des Zwanges,
die Freiwilligkeit genannt werden,
die Farben der Tyrannei,
die bestaunt und gelobt werden,
die Ordnungen der Unterdrückung,
die Opfer genannt werden.
Zu sehr lebst du von der Gewalt,
die ich unter Männern kenne.

Ich verzichte auf die kriegerischen Bilder,
mit denen Gott mir vorgestellt wurde.
Ich brauche keinen Heldengott,
keinen Panierträger und Kämpfer,
keinen Rächer und Opferer.
Ich will meiner Seele
nicht mehr die Bilder vorführen,
die irgendeine Form von Gewalt
im Namen Gottes rechtfertigen,
auch nicht die subtilen Formen der Herrschaft.
Ich will nicht mehr den Mann-Gott,
in dessen Stärke ich verkomme,
an dessen einseitiger Männlichkeit
ich nicht wachse.

Göttliche Mutter,
nicht Maria,
nicht die heiligen Frauen,
sondern dich selbst, Gott,
habe ich mir als Mutter ausgesucht,
als die Bergende, zu der ich fliehe,
als die mit dem Beispiel Lehrende,
deren Lehre ich glauben kann,
als die Sprechende, die mich hört,
als die Sanfte, bei der ich sanft werde,
als die Pflegende,
die nicht in den Tod schickt,
weder Söhne noch Töchter,
weder in den heiligen
noch in den gerechten Krieg.

Heute will ich nicht mehr
in einem Kraftakt
den Vater-Gott retten.
Ich lasse ihn sterben,
denn schon lange
rettet er mich nicht mehr.

Die falsche Trennung

Von Julian von Norwich habe ich gelernt,
daß es „zwischen Gott und der Seele
kein ‚zwischen' gibt".
Ich berühre dich, Gott.
Der trennende Raum ist weg.
Da bist du. Da bin ich.
Ich bin Ausdruck deines Wesens,
wie du Ausdruck meines Wesens bist.
Wir sind ineinander verwoben,
und schon über dich
und mich zu reden
trennt uns wieder.
Ich lasse die Worte
und verlasse die Anbeter des Abstandes
zwischen dir und mir.

Befreit

Ich habe mich davon befreit,
einen Sinn haben zu müssen.
Es reicht mir, nur zu sein.
Mich durch die Luft
dieses Planeten zu bewegen,
mich umzusehen,
zu hören und zu spüren,
nichts zu leisten,
nicht zu zerstören,
nichts zu hinterlassen.
Mich nicht zu rechtfertigen,
mich nicht zu erklären
und mich nicht zu beweisen.
Es reicht, daß ich bin.
Ich bin. Das ist der Sinn,
den ich nicht mehr brauche.
Ich bin.
Ich bin.
Ich bin.

Zehn ausgestreckte Finger

Gott, ich strecke meine Hände empor,
damit du durch jeden meiner Finger
deine Energie schicken kannst.
Zehn Finger, wie Blitzanzieher,
zehnmal deine Schöpfungskraft,
hundertmal das Glück des Erwachens,
tausendmal die Durchquerung des Roten Meeres,
eine Million Male die Entstehung der Planeten,
eine Milliarde Male die Erhörung der Menschheit,
eine Billion Male die Anzahl deiner Namen.
In mir ist Platz für das alles,
weil ich so unendlich bin,
daß ich den Abstand zwischen dir und mir
mit dem Sprung des Glaubens überbrücke.

Zehn Finger,
von denen das Elend zu dir fließt,
ein Meer von Tränen,
unsere Geschichte aus Blut und Wasser.
Finger wie steile Schornsteine,
die Menschenfleisch in Rauch verwandeln.
Finger mit Waffen, vom Dolch bis zum Computer.
Finger, die den Schuldigen ermitteln
und verdammen.
Finger, die die Zerstörung unterschreiben,
das Todesurteil des Planeten.

Aber von den Fingern fließt auch
unsere Fähigkeit zu lieben,
unsere Zähigkeit im Schmerz.
Finger unterstützen und weisen den Weg.

Finger, die noch im Sterben
die Hoffnung hochhalten,
dieses grüne Stück Menschenseele.
Finger, die schonend
das letzte bißchen Lebenswillen
wie eine zarte Pflanze pflegen.

Finger nach oben gerichtet
zu den Sternen,
wo wir dich schon immer gesucht haben,
auch wenn du dich in uns versteckt hast
und wir es nicht wahrhaben wollten.
Alles fließt durch diese zehn Finger,
deren Haut gespannt ist
bis zum Zerplatzen.
Alles erschöpft sich
in diesen Fingern.

Höre nicht auf,
diese zehn Finger zu lieben.
Bei ihnen beginne ich.

Die Musik der Stille

Heute
werde ich nichts sagen.
Ich werde die Stille
sprechen lassen.
In der Stille
füllen sich die Quellen,
die wir leergeredet haben.
Dann gibt es wieder
Gott-Momente,
ohne Sprache,
in der Fülle der Stille.

Ich strande auf dir

Ich schütte in dich hinein,
was ich begriffen habe.
Eine gewisse Unordnung
ordne ich dir zu.
Was ich nicht begreife,
nenne ich deine Dunkelheit,
aus der mehr Licht hervorgeht
als aus unseren Erleuchtungen.
Ich esse von deiner Heilheit,
ich trinke von deiner Gegenwart.
Ich strande auf dir
wie die Welle auf der Insel.
In einem Atemzug
gebe ich dir alle Namen, die ich kenne,
und im nächsten
nehme ich sie wieder alle zurück.

Vielleicht erkenne ich dich
immer wieder nicht,
weil ich dich anders als mich glaube.
Würde ich mich besser kennen,
wüßte ich, wer du bist.

Je mehr ich über dich sage

Je mehr ich über dich sage,
desto tiefer merke ich
die Ungenauigkeit meiner Sprache.
Ich erschöpfe das,
was ich sagen kann,
indem ich es sage.

Über meine Worte gelange ich
an die Wortlosigkeit,
nach der ich mich so gesehnt
wie ich sie gefürchtet habe.

Tief steckt in uns
das Sehnen nach Heilheit.
Wir wollen unsere Wunden
nicht immer wieder offen sehen.
Wir trösten uns
mit den Schmerzen anderer,
aber viel tiefer noch
warten wir auf den Moment
der Erlösung, in dem
die Brüche unseres Körpers
uns nicht mehr zerbrechen,
wir an den Rissen
in unserer Seele genesen
und unser Geist sich nicht mehr
verströmend verliert,
sondern die Mitte findet,
in der er ruhen kann.

In diesem Sehnen
strecken wir uns aus
zu dem, den wir Gott nennen,
zu dem Geist der Heilheit.

Das Nichts blüht

Gehe ich verloren,
tun sich Wege zu dir auf.
Höre ich nicht mehr auf die Worte,
werden die Silben süß vom Wort.
Gebe ich meinen Glauben auf,
entsteht er in neuer Hoffnung.
Schlafe ich ein,
erwache ich wie ein Vogel
vor dem ersten Sonnenstrahl.
Was ich nicht mit meinen Händen halte,
fällt mir um den Hals.
Begreife ich endlich nicht mehr,
werde ich ergriffen.

Alles, was ich nicht habe,
gehört mir in Freiheit.

Bitte informieren sie mich

über die neuen Bücher
☐ aus der Edition Schaffer
☐ aus dem Kreuz Verlag zu den Themen:
  ☐ Religion
  ☐ Frauenliteratur
  ☐ Psychologie, Psychotherapie, Psychosomatik
  ☐ Bücher über Trauer, Sterben und Tod
  ☐ Geschenk-Ideen
  ☐ Bücher aus dem Kreuz Verlag

Bitte schicken Sie diese Information auch an:

Name, Vorname

Beruf

PLZ/Ort

Straße

Name, Vorname

Diese Karte entnahm ich dem Buch:

Absender

Name, Vorname

Straße

PLZ/Ort

Beruf

PLZ/Ort

Beruf

Ich bin damit einverstanden, daß diese Angaben gespeichert und automatisch verarbeitet werden.

Antwort

Edition Schaffer
im Kreuz Verlag
Postfach 800669

D-7000 Stuttgart 80

Liebe Leserin, lieber Leser,

gerne informieren wir Sie über die aktuellen
Neuerscheinungen in der „Edition Schaffer".
Der Prospekt enthält speziell für die Freunde des
Autors unveröffentlichte Texte, Fotos und Infor-
mationen über sein Werk.
Wenn Sie sich für das Kreuz-Verlagsprogramm
interessieren, schicken wir Ihnen aber auch dar-
über gerne Material zu.

Mit freundlichen Grüßen
Ihre
Edition Schaffer
im KREUZ VERLAG

Dieter Breitsohl
Verleger

Wie ein Seiltänzer

Ich lese die Blicke eines Menschen
wie die Geheimnisse eines alten Buches.
Silbern fallen die Bilder von den Wimpern.
Ich ertrage nicht
das übertriebene Lob der Wahrheit,
als gäbe es sie irgendwo
festgeschrieben, erhöht, verklärt.

Ich ereigne mich in deinen Blicken,
und in meinen Geschichten
findest du eine Höhle für deine Nacktheit.
Das ist zum Anfassen wahr.

Der alte Gott,
dem es nie um Macht ging,
spielt sanft auf uns
wie auf Musikinstrumenten.
Seine Aquarelle
leuchten auf unserer Haut.
Zwischen dir und mir
spannt er Saiten,
auf denen er geht wie ein Seiltänzer.

Herrlich leer

Ich weiß nichts,
aber ich leide nicht dran.
Ich nehme die Stille wahr,
die sich um mein Nicht-Wissen ausbreitet.
Ich bin herrlich leer.
Ich höre das Klappern
meines mathematischen Verstandes,
ich höre das plätschernde Schwimmen
meiner sehnsüchtigen Seele,
ich warte auf das geistliche Seufzen
meines gottergebenen Geistes.
Und ich lache
hinein in die Stille und Leere,
die mich diesmal schützt
vor der Dummheit der Weisheit.

Dann fliegt durch die Maschen der Leere
wie ein Sturm, wie ein ahnbarer Hauch
Gott ganz ohne seine Verkleidung.
Ich erkenne ihn,
weil er nicht zu kennen ist.
Weil ich sie nie gehört habe,
erkenne ich die Sprache sofort.
Und mitten in der Armut bin ich reich,
ich bin der Bettler, der alles hat.
Das ist Wesen mitten im Nicht-Sein,
wesentlich wird, was nicht ist.
Das ist der Staub, der leuchtet,
strahlender als jedes Dogma.
Das ist der heilige Raum,
in dem ich mich ausbreiten kann.

Das ist Erfüllung, die nie überfließt
und doch auf alle niedergeht
wie der rettende Regen auf das Land.
Das ist die Befreiung zu dem,
was ich nicht kenne,
auch wenn mein Wesen davon besetzt ist
bis in seine letzten Zellen.

Frei von den Dingen,
gehören sie am Ende alle mir.
Längst bin ich von dem ergriffen,
was ich nicht begreife.
Ich gehöre nicht mehr dem,
was mir nicht gehört.

Gott,
du hast deine Namen
alle von mir genommen
und mich so errettet
von mir selbst und meinem Wissen.
Ich lobe hinein
in das Unendliche,
in das geordnete Chaos,
und spüre, daß nichts voller ist
als die Leere,
in der alles Platz hat.

Wenn ich dich beschreibe

Wenn ich alle Bilder in mir auslösche,
die ich von dir habe,
dann entsteht vor meinem inneren Auge
eine große, weiße Leinwand.
In ihrer Reinheit
wirkt sie reinigend auf mich.
Ich weiß, daß es die Fläche ist,
auf der ich dich neu malen darf.

Ich nehme Weiß und male dich
weiß auf Weiß.
Ich male dich mit meiner Seele,
meinem Körper, meinem Geist,
und du entstehst als inwendiges Bild,
während die Leinwand weiß bleibt.

Erst als ich fertig bin
und ich den Pinsel schon weggelegt habe,
beginnt auf der Leinwand
ein Bild zu erscheinen.
Es ist ein Bild
von mir.

Noch war es nicht Zeit

Ich durchschritt Kammer um Kammer,
jede mit ihrem eigenen Licht,
mit der Zartheit ihrer Einmaligkeit,
und in jeder war Gott an meiner Seite,
mein Schatten, dunkel und finster,
dann wieder glücklich und hell,
in meinen Schritten
sich verbergend, wachsam sicherfüßig
wie eine Gemse.

Ich ging auf die letzte Kammer zu,
die mit dem schwarzen Licht,
ich wollte es wissen,
ich wollte es fühlen,
ich wollte sehen,
was so schwer zu glauben war,
aber es war noch nicht Zeit.

Noch gab es die Tür in mir nicht,
noch war die Zeit nicht erfüllt
und ich nicht heil genug,
das Licht zu ertragen.

Überfordert

Sammle mich ein,
rufe ich manchmal,
und strecke mich aus
nach einem Himmel,
an den ich mich halten könnte
wie als Kind.

Hole mich heim,
spreche ich in die dunkle Stille,
mit der ich nicht fertig werde,
in der stillen Flucht
vor der Angst, nicht zu bestehen
und verlorenzugehen
im Wirrwarr der Welt.

Nimm mich weg,
rufe ich voll Unsicherheit,
weil es hundert Sichten gibt
und tausend Wege,
ein jeder mit seinem Sinn
und seiner tieferen Bedeutung.

Mein Herz setzt einen Schlag aus

Mein Herz setzt einen Schlag aus
und springt dann doppelt schnell,
daß du dich nie an die Stätten gebunden hast,
die dir gewidmet sind.
Daß du immer auch außerhalb wohnst,
in feuchten Höhlen,
in Baracken mit Wellblechdächern,
in Palästen und Hochhäusern,
in Wäldern und auf Steppen,
in fleischernen Herzen voller Sehnsucht
und sogar in fleischlichen Wegen,
so nah den geistlichen,
daß sie manchmal verwechselt werden
in die eine oder andere Richtung.

Am Rand des Himmels

Sie werden sagen,
daß ich hochmütig bin,
daß ich mich anmaße und spinne,
daß ich Grenzen aufgehoben habe,
die bleiben müssen,
daß es Verrücktheit ist,
wenn Gott seine Gestalt verliert
und menschlich wird.
Sie werden Angst haben,
daß sie ihn nicht wiedererkennen
zwischen meinen Lästerungen.

Ich gebe alles zu,
auch, daß ich das Alte
so schnell verlernen will,
wie andere es ergreifen.
Aber mich interessiert nicht,
was ich schon weiß,
sondern der Durchbruch.
Ich suche die Freiheit,
die hundertmal schwerer zu leben ist,
weil es für sie keine Tabellen gibt,
keine Regeln und Gesetze
und sie nur verankert ist
im Erstaunen über das Ebben
und Fließen der Sehnsucht
eines jeden einzelnen Menschen.

Ich lebe in dieser Haut,
in all ihrer Erbärmlichkeit,
ich habe mich an ihr wundgescheuert.
Ich kenne ihre Grenzen, ihren Verschleiß,
ihren papierenen Tod.

Aber um die Ecke
ist auch der Rand des Himmels.
Ich erlebe ihn,
wenn Gott selbstvergessen
über eine Frühlingswiese geht,
wenn ein vorbestimmtes Kind
eine Tür ins Unendliche auftut,
wenn die Werke der Finsternis
im Licht der Bewußtheit zerfallen,
wenn das Karussell in meinem Kopf
sich durch verschiedene Grade
unaussprechlichen Glücks dreht,
wenn das verschwiegene Gebet
einer uralten Seele blüht
und erhört wird.

Ich sehe Gott aus der Nähe
und werde schwesterlich erkannt.

Wie ein Marder

Manchmal bin ich ein Marder
und spüre dir nach, Gott,
durch das Geäder meines Baus
in der unterirdischen Welt.
Manchmal bin ich eine Ameise,
die in Kleinstarbeit
ihr Körpergewicht trägt
und an dem Bau baut,
der der Allgemeinheit dient.
Morgen werde ich ein Falke sein,
der sich gegen den Wind stellt.
Das bin ich alles
vor dir,
aber auch vor mir.

Stein auf dem Herzen

Du bist eine Welle,
auf deren Kamm ich reite,
in deren Tal ich verschwinde.
Du bist der Berg,
den ich besteige
oder nur bestaune.
Du bist mein Zweifel,
in dem sich das Neue öffnet,
erschreckend schön
wie alles Ungedachte.
Du bist die Not,
der Sand zwischen den Zähnen,
der Stein auf dem Herzen,
an dem ich sterben werde.

Die Zusammenhänge

In uns liegt
die Suche nach den Zusammenhängen.
Solange es uns gibt,
haben wir versucht,
das fallende Blatt zu verstehen,
die untergehende Sonne,
die erschreckende Krankheit,
die Sehnsucht in uns,
immer wieder die Sehnsucht,
und konnten nicht ruhen,
bis wir uns ein Bild gezimmert hatten,
wie es sein könnte
und wie es sein müßte.

Und von den Zusammenhängen
war es nicht weit zu dem Zusammenhänger,
dem Urbeweger aller Dinge, dem Fixpunkt,
von dem die Zusammenhänge kommen
und auf den sie zielen.

So kamen wir immer wieder an den Punkt,
den wir Gott nannten,
und wiesen damit auf dich,
aber auch auf uns und unsere Suche.
Was wir begriffen,
war immer wieder nur,
was wir begriffen,
und nicht Aussage über dich.
Aber vielleicht ist es nicht wichtig,
dich zu begreifen.

Vielleicht ist nur wichtig,
die Zusammenhänge zu verstehen,
sie verstehen zu wollen
aus Liebe zu den Dingen,
die erkannt werden wollen,
zu den Wegen, die wir gehen,
zu den Möglichkeiten, die noch
im großen Meer der Unmöglichkeiten liegen.

Und wenn wir die Wege gegangen sind,
die Dinge geliebt
und die Möglichkeiten erweckt haben,
vielleicht sind wir dann,
ohne es zu wissen,
auf Gott gestoßen
und haben ihn mit unserer Fantasie
in die Welt getragen.

Daß wir die Wege zurücklegen
von der Vernachlässigung in die Zuwendung,
von der Verfinsterung in den Durchblick,
von der Vernichtung zur Entfaltung,
das ist es, das ist es,
wozu wir uns selbst aufrufen
und woran die Welt göttlich wird.

Gott regnet auf mich herab

Gott regnet auf mich herab.
Ich weiche auf und werde Antwort.
Das Zurückgehaltene bricht aus mir hervor.
Die Luft schmeckt nach Kirschen
und Zimt, nach Vanille und Zucker,
und über meine nasse, frierende Seele
läuft das Zucken der Gesundheit.
Wie eine reife Frucht
bricht die Erkenntnis auf,
in der ich handeln kann.
Meine Füße beginnen zu reisen,
meine Augen locken das Feuer an,
meine Hände halten die Kugel der Erde.

Ich bin, rufe ich mir zu.
Ich bin
und bin neben mir vor Freude,
ich wechsle mein Gesicht.
Das Glück geht wie ein Schauer
auf mich nieder.
Ich greife und bin ergriffen,
und beide, ich und ich,
heben wir ab und fliegen
über das Erschrecken hinaus,
über die Felder der Angst.

Höre auf das Verwegenste in dir
und sprich leise mit der Stimme Gottes:
Ich bin bei mir.
Gott ist in deinen Lippen.

Alle Grenzen sind künstlich

Ich bin umgeben
von einer gefüllten Stille.
Gott geht nicht mehr ein und aus.
Er spricht nicht und schweigt nicht.
Weder richtet noch begnadigt er.
Er ist nicht innen oder außen.
Er ist nicht menschlich oder göttlich.

Ich weiß nichts und bin doch nicht unwissend.
Ich bin weder frei noch gefangen.
Ich besitze nichts und bin doch reich.
Ich bin nicht schuldig und nicht unschuldig.
Ich bin erfüllt mit der Stille
und merke das Ende der Worte.

Alle Grenzen sind künstlich.

Gott in der Weite meine Fantasie

Die Sache mit Gott ist immer eine Glaubenssache. Und der Glaube ist etwas ganz Individuelles und Persönliches. Es ist genauso schrecklich wie herrlich, daß uns in unserer Beziehung zu Gott absolut nichts als der Glaube bleibt. Es gibt keine endgültigen Beweise, daß Gott existiert oder daß er nicht existiert. Eine jede und ein jeder von uns wählt was sie/ er glaubt. Viele von uns leben zu bewußt und reflektiert, als daß wir die Beweisführung eines Menschen, der Gott gesehen, gehört oder gespürt hat, genauso für uns annehmen können. Wir hören die kleine Stimme in uns, die uns eine andere Interpretation liefert für dieses für den anderen Menschen so gültige Gotteserlebnis. Wir haben genug Psychologie gelesen, erlebt oder durch Beobachtung unser selbst und anderer in uns aufgenommen, um nicht gleich auch die Interpretation in uns emporschnellen zu spüren, bei der jeder Mensch sich seinen Gott schafft, so wie er ihn braucht, bestimmt durch die eigene Erziehung und vergangene Erlebnisse.

Ich habe immer wieder festgestellt, wo Menschen ihren persönlichen Weg ernst nehmen, gerade auch im religiösen Bereich, da stoßen sie massiv mit den Institutionen zusammen, die die Geschichte verwalten. Jeder Aufbruch eine Gefährdung und Herausforderung, die meistens bekämpft wird. Und später, oft ohne viel Aufhebens, macht sich die Institution dann das zu zeigen, was die Vorkämpfer erobert haben. An der Glaubensgeschichte zu rütteln hat schon immer die Anklage der Gotteslästerung mit sich gebracht. Ich habe vor der Anklage keine Angst. Ich habe viel mehr Angst, in dem zu ersticken, was andere für mich als Glaubensinhalte meinen bestimmen zu müssen. Ich weiß, daß mein Glaube da stirbt, wo er sich nicht mehr verwandelt. Ich habe Angst, wenn Gott bei mir immer derselbe bleibt.

Dies sind die Texte eines Mannes Ende Vierzig. Sie sind gleichzeitig Ausdruck einer Entwicklung und eines Standortes. Ich habe verschiedene Formen von Spiritualität durchlaufen und manches hinter mir gelassen, was für mich nicht mehr lebensfördernd ist. Ich bin dafür seit Jahren kritisiert, geächtet und verdammt worden. Ich habe darum nicht aufgegeben, mich den Fragen, die mit Spiritualität zu tun haben, zu widmen. Meine Art, es zu tun, hat sich verändert. Ich spüre, daß ich dem Spirituellen näher komme, wenn ich die vordergründigen Gründe zu glauben loslasse. Ich weiß, daß es Leser gibt, die frustriert sind, daß ich immer noch so „an Gott festhänge", daß ich das noch nicht hinter mir gelassen habe und darum Gott in meinen Büchern immer wieder erscheint. Ich glaube, daß ich diese Frage wahrscheinlich nie ganz abtun werde, sondern sie in irgendeiner Form immer wieder neu angehen werde. Ich glaube weiterhin, daß das nicht nur zu mir gehört, sondern zum Menschen schlechthin, sich mit dem spirituellen Kontext des eigenen Lebens zu beschäftigen. Wir haben immer versucht, uns in einem größeren Zusammenhang zu verstehen, und dazu gehört es, Gott zu denken, was immer das auch heißen mag. Zum Menschen gehört die Sehnsucht nach Transzendenz, nach dem Erlebnis, in dem wir über uns hinausgenommen werden.

Als Schriftsteller habe ich mich dafür entschieden, dem Leben besonders über die Sprache nahezukommen. Darum sind diese Texte auch eine sprachliche Gestaltung der Spiritualität. Ich habe all das, was mir zur Verfügung steht, eingesetzt, um gerade über die Sprache Gott als eine Wirklichkeit erstehen zu lassen. Dabei war mir bei jedem Text klar, daß durch Worte Gott nicht herbeizuzitieren ist, so wie Worte Gott nicht abschaffen können, auch wenn es immer wieder versucht wird. Aber wenn Worte manches denkbar machen können, dann können wir vielleicht über Worte in ein neues Bewußtsein wachsen.

Für mich ist dieses Thema mit Leidenschaft verbunden. Ich setze mich leidenschaftlich mit Gott auseinander und zusammen. Ich bin bereit, um der Echtheit und des Lebens willen nach neuen Gedanken zu suchen und nicht die alten, die für mich unlebbar geworden sind, immer wieder neu zu wiederholen. Ich bin bereit, alle Ansätze, Haltungen und Bekenntnisse ernst zu nehmen und ihnen nachzuspüren, von der Formulierung Dostojewskis, daß, wenn es Gott nicht gäbe, man ihn erfinden müsse, bis hin zu dem Erlebnis der mystischen Verschmelzung mit Gott. Nichts ist mir zu klein und unwichtig oder zu groß und herrlich, wenn es ernst gemeint ist. Diese Texte sollen darum auch nicht als Kritik an dem Glauben anderer verstanden werden. Sie sind Ausdruck meines eigenen, unverwechselbaren Weges. In ihnen und durch sie versuche ich mich zurechtzufinden.

Ich stehe als Mensch mit meiner ganzen Neugier, mit der Ehrfurcht und dem Willen zu glauben vor der Frage nach Gott. Dieses Buch ist der Ausdruck dieser Leidenschaft. Ich habe den Band bewußt nicht unterteilt oder in irgendeiner Form abgerundet, weil ich nicht den Eindruck eines systematisierten, fertigen Gottesbildes geben wollte. Jeder Text ist als einzelner entstanden und entspricht einer Seite meiner inneren und äußeren Wirklichkeit und hat damit ein Recht, für sich zu stehen. Jeder Text ist in sich abgeschlossen. Und doch gehören sie für mich alle zusammen – erst aus ihrer Gegenüberstellung und gegenseitigen Ergänzung ergeben sie ein Bild.

Ich bitte die Leserin und den Leser, die Texte nicht in erster Linie als dogmatische, theologische Aussagen zu lesen. Es sind Reaktionen auf die Fragen, die mit Gott und dem Menschen zu tun haben. Diese Texte sind die Begleiterscheinungen meines Weges. Es interessiert mich darum auch nicht sonderlich, ob man so etwas denken darf, muß oder sollte. Daß diese Gedanken so in mir leben, reicht mir, sie ernst zu nehmen. Darum habe ich sie aufgeschrieben.

Ein Buch über Gott ist immer ein Risiko. Einmal, weil man als Schreiber in einem unabgeschlossenen Prozeß steht und darum nichts Endgültiges schreiben kann, sondern nur Vorläufiges, das man vielleicht schon einen Tag oder ein Jahr später anders sieht. Und zum andern, weil Bücher über Gott mehr Erwartungen erwecken als andere Bücher und sie

133

darum sehr oft enttäuschend sind. Die einen erwarten ein klares Glaubensbekenntnis, die anderen erwarten endlich den Bruch mit dem ganzen Gotteskram. Ich vermute, daß dieses Buch auch Leser beider Kategorien haben wird. Darum wird es auch enttäuschen. Das ist mir recht, weil es meiner Position entspricht.

Ich möchte weder die eine noch die andere Einstellung leben. Ich bin beiden Einstellungen gegenüber sogar skeptisch gesinnt, weil ich glaube, daß sie in ihrer Einseitigkeit oft Angstreaktionen sind. Die einen erwarten ein klares Glaubensbekenntnis von einem Buch, weil sie es von sich selbst erwarten. Sie haben Angst, sonst falsch verstanden werden zu können, oder fürchten, daß Gott ihnen sonst böse sein könnte, oder weil sie Angst haben, unklar zu sein und vielleicht sogar zu ihrer Unsicherheit zu stehen. Daß es einen Glauben gibt, der nur dazu da ist, den angstmachenden Unglauben unter Kontrolle zu halten, ist mir seit langem klar. Aber ich möchte nicht glauben, weil ich Angst habe, nicht zu glauben. Die andere Reaktion, das Ablehnen spiritueller Überlegungen, das oft dramatisch und revolutionär gestaltet wird, ist häufig auch eine Angstreaktion. Hier herrscht die Angst, daß an dem Ganzen doch etwas dran ist. Und anstatt sich dem mühsamen Weg auszusetzen, herauszufinden, was davon für einen selbst wichtig und zu retten ist, wirft man alles weg in der Hoffnung, damit die tiefen Fragen loszuwerden. Dieses Buch steht zwischen diesen oder jenseits dieser beiden Positionen. Zweifelnd glauben und glaubend zweifeln hätte man es auch nennen können.

Das angesprochene Du in diesen Texten bezieht sich immer auf Gott, außer in einigen Fällen, wo deutlich wird, daß ein Mensch gemeint ist.

Ulrich Schaffer
Burnaby, British Columbia, Canada

134

Inhalt

Folgende Texte sind bereits anderweitig erschienen:
Ich gehe immer auf Gott zu in „Verwegenes Hoffen"; *Gott ist nicht eifersüchtig* und *Gott regnet auf mich herab* in „Liebendes Wahrnehmen"; *Ich schäme mich meiner nicht* in „Entdecke das Wunder, das du bist"; *Gott hat die Augen zu* in „Winter der Gefühle" und *Alle Grenzen sind künstlich* in „Beten über Worte hinaus".

Über die Wichtigkeit und Kraft der Hoffnung, die uns Mut zum Leben gibt.

Diese von der Zuversicht geprägten Texte feiern das Leben, und auch da, wo es schwierig ist, mühen sie sich, aus dem Schwierigen, Verfahrenen, Schmerzhaften etwas zu machen. Ulrich Schaffer ist überzeugt, daß es tiefere Zusammenhänge gibt, die wir auch im Negativen unseres Lebens noch entdecken können.

Ulrich Schaffer
Verwegenes Hoffen
107 Seiten, kartoniert

Texte für ein bewußtes Leben.

Ulrich Schaffer macht sein Werk durchsichtig für alte und neue Leser. Eine Art Rückschau auf fast vierzig Bücher.

Ulrich Schaffer
Lesebuch
201 Seiten mit zwölf doppelseitigen Fotos, kartoniert

EDITION SCHAFFER im Kreuz Verlag

„Wir brauchen den zärtlichen Umgang miteinander."

Ulrich Schaffer schreibt Liebesgedichte, die weiterführen.

Er öffnet uns eine Welt der Bilder, in der vom Glücklich-sein über die Entdeckung des anderen ebenso die Rede ist wie von der Sinnlichkeit, mit der Körper, Seele und Geist des Partners gefeiert werden. Er spricht aber auch das Herbe der Liebe an, das Erlebnis der Fremdheit nach Nichtverstehen und die Einsamkeit.

Ulrich Schaffer
Liebendes Wahrnehmen
109 Seiten, kartoniert

Neue Formen des Gebets.

Allen, die das Beten mit den überlieferten Worten verlernt haben, aber auf der Suche nach neuen Formen des Gebets sind, gibt Ulrich Schaffer in diesem Buch eine überzeugende Ermutigung.

Ulrich Schaffer
Beten über Worte hinaus
156 Seiten, gebunden

EDITION SCHAFFER im Kreuz Verlag

Ein Gleichnis für die Befreiung der Frau.

Ulrich Schaffer erzählt die Geschichte einer jungen Frau, die ihre Bibel verbrennt, um in dieser symbolischen Tat die Befreiung zu einem menschenfreundlichen Gott zu erleben.

Ulrich Schaffer
Die Verbrennung
Eine Entscheidung
94 Seiten, gebunden

Briefe, die stillen Nöten ein Gesicht geben.

Mit diesem Buch werden Leserinnen und Leser ermutigt, selbst Briefe zu schreiben, um ganz spezifische Mißstände im eigenen Leben zu klären und vielleicht hier und da eine Not zu wenden: mit dem Ehepartner, mit den Eltern, mit Freunden und Verwandten.

Ulrich Schaffer
Chancen der Offenheit
Briefe, die befreien
192 Seiten, kartoniert

EDITION SCHAFFER im Kreuz Verlag

Ulrich Schaffer (geb. 1942) lebt als freier Schriftsteller und Fotograf in Burnaby/Kanada. 1961 bis 1970 Studium der Germanistik und Anglistik an der University of British Columbia und an der Universität Hamburg, 1970 bis 1981 Dozent für europäische Literatur an einem College bei Vancouver. Autor zahlreicher Bücher, die ihn bei einem breiten Publikum bekannt gemacht haben.

n-Gallbach
4426 Vreden   12/92 Rendringen